LES
VOYAGES
AVANTVREVX

DV CAPITAINE MARTIN
DE HOYARSABAL,
Habitant de Çubiburu.

Contenant les Reigles & enseignemens
necessaires à la bonne & seure
Nauigation.

Reueu & corrigé en ceste derniere impression, &
augmenté de la declinaison du Soleil, qui a esté
faite suiuant la reformation du Calendrier de l'an
mil cinq cens quatre-vingt deux.

A BOVRDEAVX,
Par GVILLAVME MILLANGES, Imprimeur
ordinaire du Roy.

M. DC. XXXIII.

L'IMPRIMEVR AV LECTEVR.

IE te prie, amy lecteur, me tenir pour excusé, si en ce present Traicté, ou Routier des Mariniers, il y a plusieurs mots de diuers langages & de diuers orthographes; la raison est que l'Autheur de ce present Liure n'est pas Frãçois, mais est Basque des frontieres d'Espagne, & a voulu qu'il fust imprimé en ceste mesme sorte comme sa copie estoit escrite; ce que i'ay faict en collationnant sur sa coppie, au grand contentement dudit Autheur.

Sentence donnée de Messieurs les gens tenans l'Admirauté de France au Siege general de la Table de marbre du Palais à Roüen, à l'encontre de ceux qui feront les mutins & blasphemeront le nom de Dieu dans les Nauires & offenceront leurs Maistres.

H ENRY Duc de Montmorency & de Den puille, Pair & Admiral de France, de Guyenne & de Bretagne, Gouuerneur & Lieutenant general pour le Roy en Languedoc, Sçauoir faisons, que au iourd'huy datte de ces presentes deuant les gens tenans l'Admirauté de France au siege general de la Table de marbre du Palais à Roüen, Veu & deliberé la plainte renduë en ce Siege le sixiéme iour de ce present mois par Michel Daguebert Capitaine de Nauire nommé le Signe blanc de Calais, à l'encontre de Martin Belleuault l'vn des Compagnons de son équipage, pour iniures, menaces, & violences à luy commises par ledit Belleuault, au bas de laquelle Mandement luy auoit esté accordé pour faire assigner tesmoings aux fins de ladite preuue, Relation de Fortin Huissier en cedit Siege du sixiéme de ce mois, Information sur ce faite par les Conseillers Commissaires à ce deputez, Mandement de prinse de corps decreté contre ledit Belleuault dudit iour, Autre ordonnance dudit iour & an, Relation du Febure Huissier en cedit Siege du huictiéme de ce present mois, Examen de bouche presté par deuant lesdits Conseillers Commissaires par ledit Belleuault, au bas duquel est la repetition & confrontation desdits tesmoins contre luy du huictiéme de ce mois, Conclusion du Procureur du Roy du iour d'hyer estant au bas de ladite Information, Et ouy le rapport du Conseiller Commissaire à ce deputé, I L   E S T dit que pour le cas resultant dudit procez dont ledit Belleuault est declaré deüemét atteint & conuaincu, Il a esté & est condamné en six liures d'amende enuers le Roy, Et à comparoir à la Chambre du Conseil presence dudit Daguebert, auquel il dira ces mots, Que temerairement & indiscretement il s'est addressé à luy & l'a iniurié, luy demandera pardon de ladite offence, Et deffences à luy faites & à tous autres compagnons de commettre à l'aduenir telles insolences ny blasphêmes sur peine de punition corporelle, Et à luy enioint de bien & fidellement seruir ledit Daguebert son Capitaine, Et deffences faites audit Belleuault de n'attaquer à luy en faict ny en dit sur les mesmes peines que deffus, Condamné aux despens enuers ledit Daguebert de ladite preinte & poursuite, reseruez à taxer pour les bailler par bref memoire, Et taxé audit Conseiller Commissaire pour son salaire d'auoir veu lesdites pieces d'icelles, faict son rapport & dreffé la minute de ces presentes, la somme de deux escus, Et aux gens du Roy demy escu, à prendre & auoir sur ledit Daguebert, sauf son recours qui luy a esté & est dés à present adiugé sur ledit Belleuault. SI DONNONS en mandement au premier Huissier ou Sergeant de ladite Admirauté, ou autre Sergeant Royal sur ce requis ces presentes executer, Ladite sentence prononcée audit Daguebert & Belleuault prisonnier en la Conciergerie du Palais, par nous pour cet effet ci uoyé querir par maistre Iacques Fortin Huissier en ce Siege, suiuant laquelle ledit Belleuault en presence dudit Daguebert, Fortin Huissier, ensemble de Iean Hardouin maistre de Nauire de Calais, Nicolas Vihou autre maistre de Nauire demeurant à Bologne, & Guillaume du Clos le ieune bourgeois de cette ville, Que temerairement & indiscretement il s'estoit addressé audit Daguebert maistre de Nauire, le prioit de luy pardonner les insolences, iniures & blasphèmes du nom de Dieu par luy comises, accordoit à l'aduenir se comporter suiuant ladite sentence, Ce qu'il a promis & iuré faire, A laquelle satisfaction ledit Daguebert s'est contenté aux charges portées par ladite sentence. Fait à Rouen ce dixiéme iour de Feurier mil six cens seize. Fait comme deslus. Signé de la Faye & Montien chacun vn paraphe. Et scellé de cire rouge. Et plus bas est escrit

Collation faite sur l'original en parchemin dont la copie est cy-dessus transcrite par moy Iacques Fortin Huissier du Roy en son Admirauté de France au Siege general de la Table de marbre du Palais à Rouen ce iourd'huy Lundy quinziesme iour de Feurier mil six cens seize, à la requeste de Guillaume du Clos le ieune Facteur pour les marchans & maistres des Nauires demeurant en cette ville de Rouen, pour luy valoir seruir qu'il ainsi appartiendra apres laquelle collation faite, ledit original rendu en presence de Robert Desmarets & autres. Signé Fortin, chacun vn paraphe.

Collation faite sur ladite copie en papier cy-dessus transcrite par moy Remain Eger Huissier du Roy en son Admirauté de France au Siege general de la Table de marbre du Palais audit Rouen ce vingt-sepiéme iour de Mars mil six cens trente-vn, à la requeste dudit Guillaume du Clos y nommé, pour luy valoir & seruir ainsi qu'il appartiendra, apres laquelle collation ladite copie à luy rendüe en presence de Robert Baillet & autres. Signé EGER.

jours	1. Ann.		2. Ann.		3. Ann.		4. Ann. b.	
	degr	mi.	degr	min.	degr	min.	degr	min.
1	14	26	14	20	14	15	14	31
2	14	45	14	39	14	34	14	50
3	15	5	14	58	14	53	15	9
4	15	24	15	17	15	12	15	28
5	15	44	15	36	15	31	15	47
6	16	2	15	54	15	49	16	5
7	16	20	16	12	16	8	16	22
8	16	37	16	32	16	26	16	40
9	16	54	16	49	16	44	16	57
10	17	10	17	7	17	3	17	14
11	17	28	17	25	17	18	17	32
12	17	45	17	41	17	34	17	48
13	18	0	17	57	17	50	18	5
14	18	16	18	14	18	7	18	22
15	18	30	18	29	18	23	18	37
16	18	47	18	46	18	29	18	53
17	19	1	18	0	18	55	19	7
18	19	19	19	15	19	10	19	22
19	19	34	19	29	19	25	19	36
20	19	48	19	42	19	39	19	50
21	20	0	19	56	19	52	20	3
22	20	14	20	11	20	6	20	17
23	20	26	20	23	20	19	20	29
24	20	39	20	36	20	31	20	41
25	20	50	20	48	20	44	20	53
26	21	2	20	0	20	56	21	5
27	21	13	21	12	21	8	21	16
28	21	25	21	24	21	19	21	27
29	21	36	21	35	21	30	21	38
30	21	45	21	45	21	40	21	47

	1. Ann.		2. Ann.		3. Ann.		4. Ann. b.	
ju.	de.	mi.	de.	mi.	de.	mi.	de.	mi.
1	21	55	21	54	21	50	21	56
2	22	3	22	4	21	59	22	6
3	22	12	22	13	22	8	22	15
4	22	22	22	21	22	17	22	24
5	22	29	22	27	22	25	22	32
6	22	30	22	37	22	34	22	49
7	22	47	22	45	22	40	22	46
8	22	50	22	50	22	47	22	53
9	22	56	22	56	22	54	22	59
10	23	1	23	1	23	0	23	4
11	23	6	23	5	23	4	23	8
12	23	11	23	10	23	9	23	12
13	23	15	23	14	23	15	23	16
14	23	19	23	18	23	18	23	20
15	23	22	23	22	23	22	23	24
16	23	26	23	25	23	25	23	27
17	23	28	23	27	23	28	23	26
18	23	30	23	29	23	29	23	30
19	23	31	23	31	23	31	23	31
20	23	32	23	32	23	32	23	32
21	23	33	23	33	23	33	23	33
22	23	33	23	33	23	33	23	33
23	23	33	23	33	23	33	23	33
24	23	32	23	32	23	33	23	32
25	23	31	23	31	23	31	23	31
26	23	30	23	30	23	30	23	31
27	23	28	23	28	23	28	23	2.
28	23	25	23	25	23	25	23	24
29	23	22	23	22	23	21	23	21
30	23	17	23	18	23	18	23	16
31	23	11	23	11	23	14	23	10

SEPTEMBRE.

<table>
<thead>
<tr><th rowspan="2">iou</th><th colspan="2">1.Ann.</th><th colspan="2">2.Ann.</th><th colspan="2">3.Ann.</th><th colspan="2">4.Ann.b°</th></tr>
<tr><th>de.</th><th>mi.</th><th>de.</th><th>mi.</th><th>de.</th><th>mi.</th><th>de.</th><th>mi.</th></tr>
</thead>
<tbody>
<tr><td>1</td><td>8</td><td>34</td><td>8</td><td>40</td><td>8</td><td>45</td><td>8</td><td>27</td></tr>
<tr><td>2</td><td>8</td><td>12</td><td>8</td><td>19</td><td>8</td><td>22</td><td>8</td><td>5</td></tr>
<tr><td>3</td><td>7</td><td>52</td><td>7</td><td>58</td><td>8</td><td>0</td><td>7</td><td>43</td></tr>
<tr><td>4</td><td>7</td><td>28</td><td>7</td><td>36</td><td>7</td><td>38</td><td>7</td><td>22</td></tr>
<tr><td>5</td><td>7</td><td>6</td><td>7</td><td>14</td><td>7</td><td>17</td><td>7</td><td>0</td></tr>
<tr><td>6</td><td>6</td><td>45</td><td>6</td><td>51</td><td>6</td><td>55</td><td>6</td><td>37</td></tr>
<tr><td>7</td><td>6</td><td>19</td><td>6</td><td>22</td><td>6</td><td>39</td><td>6</td><td>14</td></tr>
<tr><td>8</td><td>5</td><td>57</td><td>6</td><td>7</td><td>6</td><td>8</td><td>5</td><td>51</td></tr>
<tr><td>9</td><td>5</td><td>34</td><td>5</td><td>45</td><td>5</td><td>44</td><td>5</td><td>28</td></tr>
<tr><td>10</td><td>5</td><td>12</td><td>5</td><td>20</td><td>5</td><td>22</td><td>5</td><td>4</td></tr>
<tr><td>11</td><td>4</td><td>49</td><td>4</td><td>56</td><td>5</td><td>0</td><td>4</td><td>42</td></tr>
<tr><td>12</td><td>4</td><td>27</td><td>4</td><td>32</td><td>4</td><td>37</td><td>4</td><td>18</td></tr>
<tr><td>13</td><td>4</td><td>2</td><td>4</td><td>6</td><td>4</td><td>13</td><td>3</td><td>54</td></tr>
<tr><td>14</td><td>3</td><td>40</td><td>3</td><td>46</td><td>3</td><td>51</td><td>3</td><td>32</td></tr>
<tr><td>15</td><td>3</td><td>17</td><td>3</td><td>23</td><td>3</td><td>28</td><td>3</td><td>10</td></tr>
<tr><td>16</td><td>2</td><td>55</td><td>3</td><td>0</td><td>3</td><td>5</td><td>2</td><td>46</td></tr>
<tr><td>17</td><td>2</td><td>29</td><td>2</td><td>37</td><td>2</td><td>43</td><td>2</td><td>24</td></tr>
<tr><td>18</td><td>2</td><td>6</td><td>2</td><td>12</td><td>2</td><td>18</td><td>2</td><td>0</td></tr>
<tr><td>19</td><td>1</td><td>43</td><td>1</td><td>48</td><td>1</td><td>55</td><td>1</td><td>36</td></tr>
<tr><td>20</td><td>1</td><td>10</td><td>1</td><td>24</td><td>1</td><td>31</td><td>1</td><td>12</td></tr>
<tr><td>21</td><td>0</td><td>57</td><td>1</td><td>0</td><td>1</td><td>7</td><td>0</td><td>49</td></tr>
<tr><td>22</td><td>0</td><td>33</td><td>0</td><td>36</td><td>0</td><td>44</td><td>0</td><td>16</td></tr>
<tr><td>23</td><td>0</td><td>9</td><td>0</td><td>12</td><td>0</td><td>20</td><td>0</td><td>2</td></tr>
<tr><td>24</td><td>0</td><td>17</td><td>0</td><td>11</td><td>0</td><td>4</td><td>0</td><td>23</td></tr>
<tr><td>25</td><td>0</td><td>39</td><td>0</td><td>45</td><td>0</td><td>28</td><td>0</td><td>46</td></tr>
<tr><td>26</td><td>1</td><td>2</td><td>0</td><td>58</td><td>0</td><td>52</td><td>1</td><td>10</td></tr>
<tr><td>27</td><td>1</td><td>20</td><td>1</td><td>27</td><td>1</td><td>17</td><td>1</td><td>34</td></tr>
<tr><td>28</td><td>1</td><td>50</td><td>1</td><td>45</td><td>1</td><td>40</td><td>1</td><td>57</td></tr>
<tr><td>29</td><td>2</td><td>14</td><td>2</td><td>0</td><td>2</td><td>3</td><td>2</td><td>21</td></tr>
<tr><td>30</td><td>2</td><td>37</td><td>2</td><td>31</td><td>2</td><td>26</td><td>2</td><td>45</td></tr>
</tbody>
</table>

jours	degr	min.	degr	min.	de r	min.	deg	m n
1	3	1	2	56	2	43	3	8
2	3	25	3	20	3	13	3	30
3	3	48	3	45	3	37	3	54
4	4	13	4	7	4	0	4	18
5	4	35	4	30	4	24	4	42
6	4	58	4	53	4	48	5	9
7	5	22	5	16	5	12	5	28
8	5	45	5	39	5	34	5	52
9	6	8	6	2	6	56	6	1
10	6	42	6	25	6	19	6	37
11	6	55	6	48	6	43	7	0
12	7	17	7	11	7	6	7	23
13	7	41	7	39	7	29	7	36
14	8	2	7	56	7	51	8	7
15	8	24	8	19	8	14	8	30
16	8	28	8	34	8	37	8	53
17	9	8	9	4	9	0	9	14
18	9	30	9	26	9	22	9	36
19	9	52	9	48	9	45	9	58
20	10	14	10	10	10	5	10	20
21	10	36	10	31	10	27	10	42
22	10	58	10	53	10	49	11	4
23	11	22	11	15	11	10	11	25
24	11	51	11	37	11	13	11	47
25	12	2	11	58	11	53	12	8
26	12	24	12	19	12	24	12	29
27	12	45	12	38	12	34	12	42
28	13	5	12	59	12	55	13	13
29	13	26	13	20	13	14	13	31
30	13	46	13	40	13	31	13	51
31	14	6	13	0	13	55	14	11

IVILLET.

1, Ann.   2. Ann.   3. Ann. 4. Ann.   b.

iours	degr	min.	degr	min	degr	min.	degr	min.
1	23	15	23	14	23	17	23	1
2	23	11	23	10	23	13	23	12
3	23	7	23	6	23	9	23	7
4	23	2	23	3	23	4	23	2
5	22	57	22	58	23	1	22	57
6	22	52	22	54	22	55	23	51
7	22	47	22	49	22	51	22	44
8	22	41	22	42	22	44	22	38
9	22	34	22	36	22	38	22	31
10	22	26	22	28	22	30	22	24
11	22	18	22	20	22	21	22	16
12	22	11	22	12	22	14	22	8
13	22	2	22	3	22	17	22	0
14	21	52	21	54	22	57	21	51
15	21	44	21	45	21	48	21	42
16	21	36	21	37	21	40	21	32
17	21	26	21	27	21	30	21	22
18	21	16	21	17	21	20	21	12
19	21	4	21	6	21	10	21	2
20	20	52	20	54	21	0	20	52
21	20	41	20	43	20	49	20	45
22	20	30	20	32	20	37	20	27
23	20	19	20	21	20	24	20	15
24	20	7	20	10	20	13	20	4
25	19	56	19	57	20	1	19	51
26	19	40	19	43	19	50	19	37
27	19	28	19	31	19	36	19	25
28	19	14	19	19	19	22	19	11
29	19	1	19	5	19	8	18	57
30	18	46	18	50	18	55	18	42
31	18	31	18	35	18	41	18	7

ı. Ann.				z. Ann.	ʒ. Ann.		4. Ann. b.	
ion.	dr.	mi.	de.	mi.	de.	mi.	de.	mi.
1	18	16	18	20	18	25	18	13
2	18	2	18	5	18	10	17	57
3	17	45	17	50	18	56	17	40
4	17	28	17	50	17	56	17	40
5	17	12	17	34	17	40	17	25
6	16	58	16	19	17	23	17	10
7	16	41	16	3	17	7	16	54
8	16	25	16	47	16	50	16	36
9	16	9	16	20	16	32	16	19
10	15	51	15	12	16	16	16	2
11	15	34	15	55	15	59	15	42
12	15	16	15	37	15	42	15	28
13	15	57	14	20	15	25	15	12
14	14	39	14	1	15	7	14	52
15	14	20	14	43	14	48	14	33
16	14	3	14	24	14	26	14	15
17	13	42	14	6	14	11	13	55
18	13	25	13	47	13	53	13	36
19	13	5	13	27	13	32	13	18
20	12	45	12	8	13	14	12	17
21	12	24	12	49	12	54	12	38
22	12	3	12	29	12	32	12	29
23	11	45	11	9	12	13	12	0
24	11	25	11	49	11	53	11	40
25	11	7	11	29	11	32	11	10
26	11	43	10	8	11	11	10	57
27	10	20	10	48	10	52	10	39
28	10	0	10	27	10	32	10	15
29	10	38	10	6	10	10	9	54
30	9	16	9	44	9	49	9	33
31	9	56	9	23	9	28	9	11
	9			1	9	7	8	50

MAY.

jours	1. Ann.		2. Ann.		3. Ann.		4. Ann. b.	
	degr	min.	degr	min.	degr	min.	degr	min.
1	15	7	15	2	14	55	14	9
2	15	24	15	20	15	14	15	27
3	15	43	15	37	15	32	15	46
4	16	0	15	54	15	50	16	4
5	16	16	16	12	16	6	16	20
6	16	31	16	28	16	24	16	37
7	16	48	16	46	16	41	16	54
8	17	4	17	2	16	50	17	10
9	17	30	17	18	17	12	17	25
10	17	36	17	34	17	29	17	42
11	17	52	17	48	17	43	17	56
12	18	8	18	4	17	58	18	13
13	18	23	18	21	18	16	18	27
14	18	39	18	33	18	31	18	42
15	18	53	18	46	18	46	18	59
16	19	7	19	1	18	53	19	30
17	19	21	19	16	19	16	19	23
18	19	33	19	30	19	30	19	37
19	19	47	19	43	19	42	19	47
20	19	56	19	55	19	53	20	2
21	20	11	20	7	20	6	20	15
22	20	24	20	21	20	17	20	28
23	20	35	20	33	20	29	20	37
24	20	46	20	44	20	41	20	57
25	20	53	20	54	20	53	21	1
26	21	10	21	5	21	3	21	12
27	21	20	21	16	21	14	21	23
28	21	30	21	26	21	25	21	32
29	21	40	21	35	21	36	21	41
30	21	48	21	44	21	4	21	51
31	21	57	21	53	21	56	22	0

	1. Ann.		2. Ann.	3. Ann.		4. Ann. b.		
ion.	de.	mi.	de.	mi.	de.	mi.	de.	mi.
1	22	5	22	2	22	1	22	
2	22	13	22	10	22	10	22	7
3	22	21	22	19	22	18	22	16
4	22	28	22	26	22	25	22	23
5	22	36	22	33	22	33	22	31
6	22	41	22	40	22	37	22	37
7	22	45	22	46	22	54	22	44
8	22	54	22	53	22	54	22	50
9	23	0	22	58	22	58	23	56
10	23	4	23	3	23	2	23	1
11	23	8	23	8	23	6	23	6
12	23	12	23	13	23	11	23	10
13	23	16	23	16	23	15	23	15
14	23	20	23	19	23	18	23	17
15	23	23	23	22	23	21	23	20
16	23	25	23	25	23	24	23	23
17	23	28	23	27	23	27	23	26
18	23	20	23	19	23	29	23	28
19	23	31	23	30	23	30	23	29
20	23	33	23	31	23	30	23	30
21	23	33	23	32	23	32	23	31
22	23	13	23	33	23	32	23	32
23	23	32	23	33	23	31	23	33
24	23	31	23	33	23	33	23	33
25	23	30	23	31	23	31	23	33
26	23	28	23	30	23	31	23	3
27	23	26	23	28	23	37	73	20
28	23	24	23	25	23	29	23	27
29	23	21	23	21	23	27	23	25
30	23	19	23	18	23	24	23	23
	23		23	18	23	21	23	20

	1. Ann.		2. Ann.		3. Ann.		4. Ann. b.	
iou	de.	mi.	de.	mi.	de.	mi.	de.	mi.
1	7	34	7	41	7	42	7	24
2	7	12	7	18	7	22	7	6
3	0	49	6	55	6	58	6	41
4	6	26	6	32	6	36	6	18
5	6	2	6	8	6	13	5	54
6	5	39	5	44	5	50	5	31
7	5	15	5	21	5	27	5	8
8	4	51	5	57	5	3	4	44
9	4	28	4	23	4	40	4	20
10	4	4	4	10	4	15	3	58
11	3	41	3	47	3	54	3	35
12	3	18	3	23	3	31	3	12
13	2	54	3	59	3	6	2	48
14	2	31	2	35	2	44	2	24
15	2	7	2	12	2	19	2	0
16	1	44	1	48	1	56	1	31
17	1	20	1	24	1	30	1	12
18	0	56	1	0	1	6	0	48
19	0	32	0	36	0	52	0	24
20	0	9	0	12	0	19	0	1
21	0	15	0	17	0	5	0	13
22	0	39	0	34	0	28	0	47
23	1	3	1	0	0	52	1	10
24	1	27	1	23	1	16	1	34
25	1	51	1	46	1	40	1	58
26	2	15	2	9	2	4	2	21
27	2	38	2	42	2	27	2	45
28	3	1	2	56	2	51	2	8
29	3	15	3	19	3	14	3	32
30	3	47	3	43	3	37	3	55
31	4	10	4	6	4	0	4	18

iours	1. Ann.		2. Ann.		3. Année		4. Ann. b.	
	degr	min.	degr	min.	degr	min.	deg	min
1	4	34	4	29	4	24	4	40
2	4	56	4	53	4	47	5	4
3	5	20	5	46	5	10	5	27
4	5	43	5	49	5	33	5	50
5	6	5	6	2	5	54	6	12
6	6	28	6	52	6	17	6	35
7	6	50	6	48	6	39	7	57
8	7	12	7	10	7	2	7	20
9	7	36	7	32	7	25	7	42
10	7	57	7	53	7	48	8	4
11	8	20	8	12	8	8	8	26
12	8	41	8	34	8	32	8	49
13	9	2	8	54	8	53	9	11
14	9	24	9	14	9	13	9	32
15	9	47	9	35	9	35	9	53
16	10	7	9	58	9	57	10	13
17	10	29	10	20	10	19	10	34
18	10	51	10	42	10	39	10	55
19	11	12	11	3	11	0	11	16
20	11	33	11	25	11	21	11	37
21	11	52	11	45	11	42	11	57
22	12	12	12	5	12	23	12	17
23	12	31	12	24	12	23	12	38
24	12	49	12	43	12	42	12	58
25	12	8	13	3	13	1	13	18
26	13	28	13	23	13	22	13	36
27	13	48	13	43	13	40	13	56
28	14	8	14	3	13	58	14	16
29	14	28	14	23	14	17	14	36
30	14	47	14	42	14	16	14	3

IANVIER.

iours	1. Ann. degr	min.	2. Ann. degr	min.	3. Ann. degr	min.	4. Ann. b. degr	min.
1	23	5	23	7	23	10	23	10
2	23	0	23	2	23	6	23	5
3	22	55	22	56	22	58	23	0
4	22	49	22	50	22	52	22	54
5	22	42	22	44	22	45	22	49
6	22	35	22	37	22	38	22	41
7	22	27	22	30	22	30	22	35
8	22	19	22	22	22	22	22	27
9	22	11	22	14	22	14	22	18
10	22	2	22	5	22	6	22	9
11	21	52	21	54	21	57	21	58
12	21	2	21	45	21	48	21	49
13	21	32	21	35	21	38	21	39
14	21	33	21	25	21	18	21	29
15	21	10	21	14	21	18	21	19
16	20	0	21	3	21	6	21	9
17	20	48	20	51	20	55	21	0
18	20	35	20	8	20	33	20	46
19	20	22	20	26	20	31	20	31
20	20	10	20	13	20	16	20	19
21	19	57	20	0	20	5	20	7
22	19	41	19	46	19	51	19	52
23	19	28	19	33	19	37	19	39
24	19	13	19	18	19	24	19	16
25	19	0	19	4	19	10	19	22
26	18	45	18	49	18	56	18	58
27	18	28	18	34	18	38	18	42
28	18	13	18	18	18	10	18	15
29	17	57	18	1	18	4	18	9
30	17	40	17	44	17	50	17	52
31	17	22	17	28	17	32	17	36

K

	1. Ann.		2. Ann.	3. Ann.		4. Ann. b°	
est.	de.	mi	de.	mi.	de.	mi.	de.	mi.
1	17	5	17	12	17	15	17	20
2	16	48	16	55	16	58	17	2
3	16	30	16	36	16	40	16	46
4	16	13	16	19	16	22	16	38
5	15	55	16	0	16	4	16	11
6	15	37	15	40	15	46	15	50
7	15	16	15	22	15	28	15	32
8	15	1	15	3	15	9	15	13
9	14	43	14	44	14	48	14	53
10	14	21	14	24	14	29	14	34
11	14	0	14	6	14	0	14	16
12	13	40	13	46	13	0	13	56
13	13	20	13	26	13	30	13	38
14	13	0	13	6	13	10	13	15
15	12	39	12	46	12	50	12	55
16	12	18	12	26	12	29	12	34
17	11	58	12	5	12	9	12	13
18	11	37	11	44	11	48	11	52
19	11	16	11	22	11	27	11	32
20	10	54	11	0	11	5	11	9
21	10	31	10	34	10	44	10	47
22	10	10	10	17	10	12	10	52
23	9	47	9	55	10	0	10	3
24	9	26	9	33	9	38	9	41
25	9	4	9	11	9	16	9	19
26	8	41	8	40	9	54	9	57
27	8	19	8	27	8	54	8	35
28	7	57	8	4	8	9	8	13
							7	49

ES VOYAGES

AVANTVREVX DV,

CAPITAINE MARTIN DE
HOYARSABAL, HABITANT
de Cubiburu.

*Contenant les reigles & enseignemens necessaires
à la bonne & seure navigation.*

Seconde Edition, Reueuë & corrigée.

A BOVRDEAVX,

Par GVILLAVME MILLANGES imprimeur
ordinaire du Roy.

M. DC. XXXIII.

L'IMPRIMEVR AVLECTEVR.

IE te prie, amy lecteur, me tenir pour excuf, fi ce prefent Traiété, ou Routier des Mariniers, il y a plufieurs mots de diuers langages & de diuers orthographes : la raifon eft que l'Autheur de ce prefent Liure n'eft pas François: mais eft Bafque des frontieres d'Efpagne, & a voulu qu'il fuft imprimé en cefte mefme forte comme fa copie eftoit efcrite; ce que i'ay faict en collationnant fur fa coppie, au grand contentement dudit Autheur.

LES MATIERES CONTENVES

és voyages auantureux du Capitaine
Martin de Hoyarsabal, habitant
de Cubibure.

V NOM DE DIEV le Pere, &
du Fils, & du Sainct Esprit, Ainsi soit-il.
Sçaches qu'en ce present liure sont
comprises les routes, lieues, sondes, marées, entrées, cognoissances & hauteur.
Soit pour le Leuant, Espagne, France, Bretagne, Normandie, Picardie, Flandres, Angleterre, Hirlande, Es-
cosse & Terreneufue, tout au long, ainsi qu'il est escrit,
soit pour vn chacun maistre Pilote qui va sur la Mer, soit
pour se garder des lieux dangereux : & premierement
pour le Leuant tout au long.

Çaches que si tu veux poser dans Sparcel de
Leuant, pose à 15. ou 16. brasses, mais il
n'est pas trop net.
Sçaches que si tu veux poser dans Tariffe
de Leuant, pose deuers L'oest de la ville à trauers des
Sablieres à 15. brasses.
Sç aches que si tu veux poser à la pointe del Carnero,
de Ponant, pose à trauers des Sablieres à 18. brasses.
Sçaches que si tu veux poser en Gibaltar, pose à 5.

braſſes deuant la porte de la ville.

Sçaches que ſi tu veux poſer à la tour d'Alporiz à la terre, poſſe à 20. braſſe..

Sçaches que ſi tu veux poſer en Fougyrole de Ponant, poſe à trauers du Châſteau à 1 5. braſſes.

Sçaches que ſi veux poſer aux moulins de Malege, de Ponant, poſe à 10. braſſes, & mettras le cap au Su. Et ſi tu veux poſer deuant la cité de Ponant, poſe à 7. braſſes

Sçaches que ſi tu veux poſer à Albenaçar de Ponant, & de Leuant y a bon fonds d'Alporiz à terre.

Sçaches que ſi tu veux poſer dans l'iſle de Calubena de Leuant, entre par quelle part de l'iſl. que tu voudras: car tout eſt ſain, & poſe à l'abry de l'Iſle à 7. braſſes, & d'Alporiz à l'Iſle.

Sçaches que ſi tu veux poſer en Caſtillo de Fero de Ponant, poſe à 15. braſſes.

Sçaches que ſi tu veux poſer à Aguoardoelemyac de Leuant, poſe à 20. braſſes, le Sueſt te viendra par la pointe.

Sçaches que ſi tu veux poſer aux Rocques de Ponant, poſe à 10. braſſes, le Suroeſt te viendra par la pointe.

Sçaches que ſi tu veux poſer en Almerie, poſe à 7. ou à 8. braſſes.

Sçaches que ſi tu veux poſer à cap de Gata de Leuant, poſe à 22. braſſes, & garde toy d'vne bache qui eſt au cap à trauers d'vne terre rompuë qui eſt toute blanche.

Sçaches que ſi tu veux poſer au port de Geliobes, poſe à 18. braſſes de Ponāt, & ſi tu veux poſer en les Frayres, poſe à 15. braſſes, le Suroeſt te viendra par la pointe.

Sçaches que ſi tu veux poſer en Moſa de Coldan, poſe à 20. braſſes, le Su te viendra par la pointe.

Sçaches que ſi tu veux entrer en Magaron, entre ioinct à la terre de Ponant, & poſe à 10. braſſes, & deras Alporiz à la terre de Ponant, ce port eſt deuers le Suroeſt de Cartagene.

Sçaches que si tu veux entrer dans Cartagene de Ponant, entre par le milieu, & t'approche de la terre de Ponant, & garde toy d'vne bache qui est au milieu de l'ancraison, verras Alporiz à la terre de Ponant, & poseras à 6. brasses.

Sçaches que si tu veux entrer dans Cartagene de Leuant, entre par dedans l'Isle, & iras poser deuers le Ponant, comme dit est.

Sçaches que si tu veux poser au cap de Palos de Ponant, pose à 15. brasses.

Sçaches que si tu veux poser à l'Isle de Groce de Leuant, pose à l'abry de l'Isle à 7. ou à 8. brasses.

Sçaches que si tu veux poser au cap d'Almux de Leuant, pose à trauers de la Tour, à 5. brasses.

Sçaches que si tu veux poser dans Alicante, & y aller de Ponant, tu pourras entrer par dedans l'Isle, & trouueras 6. brasses, pose au deuant de la ville à 6. brasses.

Sçaches que si tu veux poser en Morianne de Leuant, pose à 12. brasses.

Sçaches que si tu veux entrer au cap de Myne de Ponant, pose à 15. brasses.

Sçaches que si tu veux poser en Denya, pose deuant la ville, & prens la marée.

Sçaches que si tu veux poser dãs la playe de Valencie, pose à 7. brasses ; & si tu veux poser plus au large de 6. brasses, il est tout salle.

Sçaches que si tu veux poser au cap d'Oropesa de Leuant, pose à 15. brasses.

Sçaches que si tu veux entrer dans les Affacques de Tortosse, entre par le milieu : car tout est sain au bord des salines à 5. brasses.

Sçaches que si tu veux poser au cap de Leuant deuers Arim à la pointe, pose à 12. brasses.

Sçaches que si tu veux poser en Taragonne de Ponant, pose à 7. brasses.

A 3

Sçaches que si tu veux poser dans la playe de Bar-
selonne de Ponant, pose deuant la ville à 10. brasses.

S'ensuyuent les routes commençant de Calix à la
Buelte de Leuant.

Sçachés que gisent Calix & Trafaga, Nornordest, &
y a 10. lieuës.

Gisent Calix & Sparcel Nort Noroest, & Su Suest, y
a 16. lieuës.

Gisent Trafaga & Sparcel, Nort & su quart de
Noroest & Suest, y a dix lieuës.

Gisent Trafaga & l'Isle de Tariffe, est suest & oest
noroest, y a 6. lieues.

Gisent la bache qui est à trauers de la pene Delcurbo
& de l'Isle de Tariffe, & la myne de cente, est Nordest,
& Oest suroest, y a 7. lieuës.

Gisent la myne de cente & cap de Gata, est Nordest
& Oest Suroest, y a 55. lieuës.

Gisent la montagne de Gibaltar & la myne de cente,
Nort Norroest & Su suest.

Gisent la montagne de Gibaltat & la Guimynere,
Nort & su quart de Nordest & Suroest.

Gisent la montagne de Gibaltar & le cap de Gata, Est
& Oest quart de Nordest & Suroest, y a 55. lieuës.

Gisent la montagne de Gibaltar & les moulins de
Malege, Nordest & Suroest, y a 118. lieuës.

Gisent cap de Gata & cap de Pallos, Nordest &
Suroest, y a 36. lieuës.

Gisent cap de Palos & cap de myne, nort nordest &
su suroest, y a 30. lieues.

Gisent cap de Palos & cap Dalunz, Nort & Su, y a
14. lieuës.

Gisent cap Dalunz & Alicante, Nort & Su, y a
2. lieuës.

Gisent la pointe de Carnero & la myne de cente,
Noroest & Suest.

*S'enfuyuent les routtes de Bayonne de France,
iufques à Caliz.*

Sçaches que gifent le Bocal de Bayonne & le Figuer, Nordeft & Suroeft quart de Nort & su, y a 10. lieuës.

Gifent le Figuer & Machichaco, Eft & Oeft, y a 18. lieuës.

Gifent Machichaco & le haure de Laredo, Eft Nordeft & Oeft Suroeft, y a 12. lieuës.

Gifent Machicaco & les penes de Mocon, Eft & Oeft y a 50. lieuës.

Gifent les Penes de mocon & Aribaden, nordeft & suroeft quart de l'eft & oeft y à 18. lieuës.

Gifent l'Iflede Sainct Sabrian & le haure d'Aribaden, eft fueft oeft noroeft y à 5. lieuös.

Gifent les eftacas d'Ortiguere & bayres & les penes de mocon eft & oeft, prends du nordeft & suroeft y a 32. lieuës.

Gifent les eftacas d'Ortiguere & prior nordeft & suroeft y à 8. lieuës

Gifent cap de Bayres & les eftacas d'Ortiguere eft & oeft y à 3. lieuës.

Gifent l'arbre de fudero & Prior nordeft & suroeft y à 4. lieuës.

Gifent Prior & fainct François de la Corrunne, nort & su y à 4. lieuës.

Gifent Prior & cizarge, eft nordeft & oeft suroeft y à 8. lieuës.

Gifent le haure de Ferrol & cizarge eft & oeft y à 6. l.

Gifent cizarge & la turyane, nordeft & suroeft, préds vn peu plus de l'eft & oeft y a 8 lieuës.

Gifent le billan de mongie & la turyane, nordeft & surroeft, prends vn peu de nort & su y à 3. lieuës.

Gisent la turyane & le cap de Finisterres, nort & su: y à 2. lieuës.

Gisent le cap de Finisterres & les isles de Bayonne noroest & suest quart de nort & su: y à 16. lieuës.

Gisent le cap de Finisterres & la Berlingue, nort & su: y a 56. lieuës.

Gisent le alta de palyca & la Berlingue nort & su: y à 46. lieuës. & prands vn quart de nordest & suroest.

Gisent la poincte de Palycalles & les laichonnes du port de Portugal, nort nordest & su suroest: y à 8. lieuës.

Gisent les laichones du port Portugal, & l'arbre de Mandego, nort & su, prens plus du noroest & suest: y a 18. lieuës.

Gisent le Porte de Portugal & la Berlingue nort nordest & su suroest, y a 24. lieuës & prends plus de nort & su.

Gisent l'alta de montego & la Berlingue, nordest & suroest: y à 18. lieuës.

Gisent la Berlingue & la rocque de cintre, nort & su, y à 12. lieuës.

Gisent la rocque de cintre & le cap despichis, noroest & suest: y a 8. lieuës.

Gisent la rocque de cintre & la poincte de cascalles, noroest & suest, y a 2. lieuës.

Gisent saincte Marie de tabille despichis qui est en l'entrée de desotobal, auec le cap de sainct vincent, nort & su, y a 32. lieuës.

Gisent le cap de sainct vincent & la pointe de saincte Marie dalfaro, est & oest, y à 15. lieues.

Gisent le cap de S. vincent & salmedine est & oest, y à 40. lieues.

Gisent la poincte de saincte Marie dalfaro & salmedine est & oest, y a 26. lieues.

Gisent la poincte de saincte Marie & sainct Sebastien de caliz, est & oest quart de noroest & suest, y à 30. l.

Gisent le cap de sainct vincent & le cap d'Esparcel,

fu2ſt, & oeſt noroeſt, y à 55. lieues.

*Senſuyuent les entrées des portz d'Eſpaigne, Commen-
çant du Figuer de Fonterabie iuſques à Caliz.*

çache que ſi tu veux poſer au Figuer de Fonterabie poſe à 9. braſſes, & deſcouure l'hoſpital, le noroeſt te
iendra par la poinéte de l'Iſle.

Sçache que ſi tu veux entrer au paſage, ne t'aproche en
terre deuers l'oeſt par ce qu'il ſort vne bache deſcou-
erte qui giſt dehors l'entrée, & y à vne autre bache de-
ans deuers ſtribour, & te garderas comme dit eſt, &
as poſer a trauers de la ville, qui eſt deuers l'oeſt.

Sçaches que ſi veux entrer dans ſainét Sebaſtian, en-
e par le milieu, & paſſeras pres du cap de nordeſt, & ſi
u veux aller au cay demeureras à ſec.

Sçaches que ſi tu veux poſer en Gatarie & ſi tu vas de
ent d'aual, n'approche point l'Iſle de ſainét Anton, iuſ-
ues à ce que deſcouure la pointe de la ville, & ſeras à
'Iſle quand pourras entrer.

Sçaches que ſi tu veux entrer à Motrico verras Arin
au cap de l'oeſt, & entre dedans iuſques à tant que ſois
orty des Polomas.

Sçaches que ſi tu veux poſer au haute de Ondaroe,
oſe à 13. braſſes.

Sçaches que ſi tu veux poſer à Abermeyo, poſe à 16.
raſſes, la paroiſt le pin de Mondaco.

Sçaches que ſi tu veux poſer dans Portonuebo,
prends les deux parts de marée, & ſi le vent eſt plus large
que oeſt, ſçache qu'il te faut entrer pres de terre, & poſeras à trauers de la maiſon de Martin Lopez.

Sçaches que ſi tu veux poſer en Machichaco poſeras
à 10. braſſes & le nort noroeſt te viendra par la pointe.

Sçaches que ſi tu veux poſer au Mailhar de plaiſance

iras par le plus fur deuers Stibon, defcouuriras toute
fanctoua,& quand tu auras defcouuert fanctoua te iette-
ras deuers le nort l'oeft noroeft te viendra par la pointe.

Sçaches que fi tu veux pofer à la bayere de portuga-
let, pofe à 10. braffes en paraiffant fainct Auton de caftro.

Sçaches que fi tu veux pofer à Caftro de Verdiales &
y aller auec vent d'aual verras arim à l'Ifle de fainct Ana
à demy cable en paroiffant le font de la place iras pres
de terre, & poferas à 5. braffes & engorge bien les cables, parce que il y a rocques en aucuns lieux.

Sçaches que fi tu veux pofer en Santoua, poferas à
10. braffes en paffant au trauers du ferrac.

Sçaches que fi tu veux entrer en Laredo, garde toy de
la pointe de nordeft & pofe à 5. braffes en ferrant la
pointe auec fantoua.

Sçaches que fi tu veux pofer en fainct Ander laiffe le
magre deuers ababour & deftibour ainfi comme auras
le vent & iras par le milieu du haure, & garde toy que
tu n'approche trop à lachenal.

Sçaches que fi tu veux pofer en Sardine o, pofe à trauers de la fabliere à 10.braffes & fi tu veux pofer à l'oeft
de fainct Martin de Larene pofe à 13. braffes.

Sçaches que fi tu veux entrer en fainct Vincent de la
barquere laiffe l'Ifle diftibour, & iras pres d'elle, & poferas deuant la ou font les paus.

Sçaches que fi tu veux entrer arriua des illes tiens toy
à la terre de l'eft, car deuers l'oeft tout eft fec & pofe
quand feras entré.

Sçaches que fi tu veux pofer en Caftafones pofe à 13.
braffes.

Sçaches que fi tu veux pofer en Torres pofe à 15.braf-
fes le noroeft te viendra par la pointe, & poferas à trauers du caftangée.

Sçaches que si tu veux poser à la celle de les panes po-
eà trauers du sable à 13. brasses.

Sçaches que si tu veux entrer en Pabrie au haure gist
ne rocque, & tiendras à la terre de L'est, pose dedans
res de la Tour.

Sçaches que si tu veux poser dans Artedo, & si tu vas
uec vent d'aual tu auras bon pos dela au noroest, préds
e nort, mais garde de t'approcher à la pointe du vent
d'aual, ou gist vne bache vas dedans & pose à trauers
d'vne terre rouge qui est de vent d'aual, & pose à 5.
brasses.

Sçaches que si tu veux poser dans Loarte laisse l'Eglise dababour & pose à 5. brasses, & garde toy d'vne rocque qui gist au milieu de l'entree.

Sçaches que si tu veux entrer dans Riuader garde toy
de la pointe de l'oest, & iras à la sabliere tout droict, &
trauerse deuers l'oest en te gardant de la pointe grosse,
& pose à trauers de la pointe de sainct Michel à 5. ou 6.
brasses, & seras en sauueté.

Sçaches que si tu veux entrer en sainct Saurian, laisse
l'Isle Dababour, & pose là ou il te plaira.

Sçaches que si tu veux poser au haure Deuiuero, du
vent de nordest pose à trauers de la sabliere, à 10. ou
12. brasses.

Sçaches que si tu veux poser à sainct Iean de Couas,
descouure la fenestre de l'Eglise, & pose à 5. ou 6. brasses.

Sçaches que si tu veux poser à Vaastelade de l'oest,
pourras entrer par dedans la conegeyre.

Sçaches que si tu veux poser dans Bayres pose à trauers des cabanes des pescheurs, à 10. brasses.

Sçaches que si tu veux entrer dans saincte Marte prédras deux tiers de marée, & deras arim quand tu entreras au cap de Stibour d'vn cable deuers Ababour, tout
est sec, & prendras pour marque, & voiras descouuert

les eftaches des bayes comme le milieu d'vn crible,
iras par lachenal qui gift en ceſte entrée nordeſt , & ſur.
oeſt, il y a des eaux mortes , deux ou trois braſſes de
pleine mer.

Sçaches que ſi tu veux entrer en Cidero, ſçaches que
le haure giſt noroeſt , & ſueſt,& au milieu du haure des
couuriras l'ancraiſon, il y a vne rocque, qui de deux par
de marée eſt couuerte, laiſſe la bache d'eſtibour,
iras au raz de la terre d'abour, & poteras à trauers de l
ſabliere à 4. braſſes en ſerrant le cap de nordeſt auec l
cap de noroeſt.

Sçaches que ſi tu veux poſer au haure de Ferrol à tra
uers du ſable auras celle de l'oeſt & ſuroeſt.

Sçaches que ſi tu veux entrer en Ferrol entreras pa
le milieu, iuſques à tant que tu ſois à trauers de caſtaua
des moulins, approche toy à la terre deuers le nort,& po
ſe à 8. ou 9. braſſes.

Sçaches que ſi tu veux entrer dans la baye de beran
cos garde toy d'vne bache qui giſt au milieu & appro
che toy de la terre d'eſtibour, & poſe à 5. ou 6. braſſes

Sçaches que ſi tu veux entrer dans la Crune deras, vn
petit arim à l'Iſle de ſainct Anton, puis poſeras là ou t
plaira à 5. ou 6. braſſes.

Sçaches que ſi tu veux poſer en Malpico entre dedãs
iuſques à 2 5. braſſes, tu ſeras en celle de Ciſarge, & ſi
voulois aller delà en auant par l'eſt tu entreras bien à la
mer par les baches qui ſont la.

Sçaches que ſi tu veux entrer en Comes garde toy des
baches du dedans, qui giſent au noroeſt bien à la mer

Sçaches que ſi tu veux entrer dans Mongie par lachenal de la ville, garde toy de la bache qui giſt à l'oeſt noroeſt deux cables & laiſſe ceſte bache dababour & alargue toy de la premiere pointe,& quand tu auras paſſé la
pointe, ſerre toy à la terre iuſques à ce que tu voyes
la tuille de l'Egliſe de ſaincte Marie, & vas ainſi au

ng de terre au fu furoeſt , poſe à 7. ou 8. braſſes &
outeras à ſainſte Marie à l'oeſt noroeſt, garde toy que
u n'aille trop au ſueſt parce que y a vne bache au ſueſt
e l'ancraiſon.

Sçaches que ſi tu veux entrer en Mongie par le car-
au de la turiane porteras deſcouuert la turiane auec le
ap de vntre, de longueur d'vne gallere, iuſques à tant
ue ue deſcouures à ſainſte Marie de Mongie & deſpuis va
l'ancraiſon comme dit eſt.

Sçaches que ſi tu veux poſer en terre qui va de nor-
eſt, poſeras à 10. ou 12. braſſes.

Sçaches que ſi tu veux aller poſer à Finiſterres, tu iras
u deſcouuert le ſable de la terre qui va delà, iuſques à
aſſé centol à cauſe de la bache qui eſt au nort de
entol, depuis tourneras iuſques à ce que tu ſois au cap
e ſainſte Marie, & poſeras à 15. ou 16. braſſes.

Sçaches que ſi tu veux poſer en Concoruion, vas droit
u cap dababour ou il y a vne bache qui giſt à l'entrée,
aiſſe le deuers Stibour , & deras arim à la pointe d'vn
able, & iras dedans, poſe deuant Concorbion, à 9. ou
o. braſſes.

Sçaches que ſi tu veux aller de Finiſterres à Amuruz
ar le carreio deslhoueres, le carreyo giſt noroeſt & ſueſt
e portera à centol au noroeſt, cours au ſueſt, & quád
uras deſcouuert la foſſe iras au long de la terre daba-
our, & poſe deuant la ville d'Amuruz à 7. ou 8. braſ-
es.

Sçaches que ſi tu veux entrer dans Amuruz par lache-
al, qui giſt nordeſt, & ſuroeſt, laiſſe les l'houeres daba-
our, & bouteras à Montellero au nordeſt delà iuſques
ue tu paſſe pres d'elle, & ſi vas à Luiando en Laria garde toy d'vne bache qui ſe nomme la baye qui giſt à
trauers de Montellero deuers ſueſt de Montellero , au
milieu de l'achenal vn petit plus à terre de ſu, & quand
uras doublé la bache tout eſt ſain, & iras comme dit

eft en Amuzuz.

Sçaches que fi tu veux aller à Noya iras droit à l'Ifle de la Ciebre, laiffe l'Ifle dababour, & iras au Rim, pofe la ou te plaira, car tout eft fain.

Sçaches que fi tu veux entrer dans l'Ifle de fainct Saluare du vent de nort, laiffe l'Ifle dababour, & defcouure les cabanes des pefcheurs, & pofe à 10. ou 12. braffes. Sçaches que fi tu veux aller dela l'Ifle à la Pubele fçaches qu'il y a de mauuaifes rocques de toutes pars, mais par neceffité va droit au nort nordeft, & iras en fauueté car là eft lachenal.

Sçaches que fi tu veux entrer dans la Ria de pointe verde entre par le milieu, puis iras deuant en laiffant à l'Ifle de doues dababour & iras pofer à trauers de la Tour de Myne en l'Ifle du vent de nort.

Sçaches que fi tu veux entrer en l'Aria de gangon au vent de nort garde toy d'vne bache qui gift à l'entrée deuers ababour, & iras deuant & pofe à 15. braffes.

Sçaches que fi tu veux pofer aux Ifles de Bayonne entreras par quelque part que tu voudras, & fonderas les caps, & iras pofer deuant l'hermite, qui eft à l'Ifle, & iras dauantage au nort, & poferas à 10. braffes.

Sçaches que fi tu veux entrer en Bayonne par l'entrée de la comporte, prends les deux pars de marée, & y a de baffe mer vne braffe, & entreras au milieu ioinct de l'Ifle à la Pointe du certan eft fec, & iras pofer deuant à 4. ou 5. braffes.

Sçaches que fi tu veux entrer dans Bayonne auec vét d'aual, donneras vn petit arim au cap de pamcalles, & iras à l'eft quart de nordeft, car ainfi gift lachenal & n'aprimeras la terre, & as defcouuert lareual, il y a vne bache & te garderas d'elle, puis poferas comme dit eft.

Sçaches que fi tu veux pofer au cap de Caninan, poferas au cap de nort, car deuers le fu tout eft fec.

Sçaches que fi tu veux pofer en Viane de nort, pofe

trauers de la ville à 15. braſſes, & ſi tu veux entrer de-
ns prendras la mer, & bonne marée.

Sçaches que ſi tu veux poſer au haure de la ville de
onde, poſeras dehors à les 13. braſſes & port de marée

Sçaches que ſi tu veux entrer ou poſer dans les Lai-
hons: tu dois ſçauoir qu'à vne lieuë deuers le nort de
'entrée y a 3. ou 4. Iſletes, & deras a Rim à les Iſletes
'vn caple, puis poſeras a 8. ou neuf braſſes, & boute-
as la pointe au nort, puis ſi tu voulois aller au port,
rendras la mer, il y a deux aldeas.

Sçaches que ſi il te faut entrer par neceſſité au haure
abero, auras par cognoiſſance du haure des ſablieres
oires & hautes deux lieuës deuers le ſu de l'entrée, &
l'entrée eſtant trois maſteros, & les bouteras l'vn pour
l'autre, & iras droit à Detz, & auras de baſſe met trois
braſſes, puis quand ſeras ioinct auec les maſteros poſe-
as eſpert, car l'eau court fort.

Sçaches que ſi tu veux poſer en Mondego, poſe a 8.
ou 9. braſſes a trauers de l'Egliſe, & le noroeſt te vien-
ra par la pointe.

Sçaches que ſi tu veux entrer en Xelis, que le
haure de Xelis & le farrillon de la berlingue giſt eſt
oeſt, & y a 4. lieuës', deſcouure l'entrée, & ſçaches
ue a la pointe dabour y a vne petite Tour vieille de la
bande de ſu y a vn hermite, & entre au long de la terre
de nort, puis poſe eſpert en deſcouurant le conche qui
eſt eſtroit, & y a de baſſe mer dedans deux braſſes.

Sçaches que ſi tu veux entrer ou poſer dás la Berlingue
ſeras a les 12. braſſes deuers le ſu de l'hermite.

Sçaches que ſi tu veux poſer au cap de Caluberne d'a-
gion, poſe a les 8. ou 9. braſſes, mais elle n'eſt pas trop
nette.

Sçaches que ſi tu veux poſer en Caſcalles poſeras deuant la ville a 13. braſſes eſt vn petit ſalle.

Sçaches que si tu veux entrer en Lisbonne par lachenal de sainct Iean iras au long de terre, & deras arim à
la pointe de sainct Iean, puis garde toy du gachopo qui
gist pres, & iras poser a ras deuant saincte Marie de Be
lin a 5. ou 6. brasses.

Sçaches que si tu veux entrer en Lisbonne par lache
nal grande, descouuriras la cité de Lisbonne & la sa
bliere, deras a la pointe de sainct Iean iusques que pa
roisse la sabliere deuers le nordest de sainct Iean, ca
lachenal est la, & porteras la sonde dalmade il y a 7. ou
8. brasses, & deuers le gachopo ya trois brasses, puis te
garderas du gachopo, puis iras comme dit est poser.

Sçaches que si tu veux poser au cap d'espichis a l
premiere enseigne passant le cap, a 15. brasses.

Sçaches que si tu veux entrer en Sotouallhebe la poin
ted'espichis descouuerte auec la pointe derabide est lō
geur d'vn esquiffe iras en ceste voye dela, puis verra
vne Tour vieille a l'entrée du bocal, puis quand auras la
tour iras dessus elle, & iras dedans, puis poseras a la premiere sabliere en voutan les arbles par les 10. brasses,
& pour entrer dedans a moitié marée, puis n'ayes point
peur d'aller sur le Haure, & deras vn petit arim a la
pointe de nordest, despuis approche toy a l'Eglise de
nordest, & de la en auant tout est sain & net.

Sçaches que si tu veux poser au cap de sainct Vincent
de leuant, pose a trauers des sablieres a 18. ou 20. brasses.

Sçaches que si tu veux poser au cap de S. Vincent,
pose a 15. brasses.

Sçaches que si tu veux poser en Lagos, pose a 8. ou
9. brasses, puis le su suroest te viendra par la pointe.

Sçaches que si tu veux entrer en Silbes, prendras les
deux pars de marée approche toy au cap de l'est, puis
iras derriere laltar, puis t'approcheras auec laltar, & poseras

as mais que *r* ayes passé la sabliere premiere deuers
nord, à 5. ou 6. brasses.

Sçaches que si tu **veux** poser au haure Dalfaro , pose
s en passant la pointe de saincte Marie à la premiere
sse, à 6. brasses, puis prends la mer & bonne marée
ur aller dedans.

Sçaches que si tu veux poser au haure de Talira, pose
5, brasses deuant la fosse , & pour aller dedans, prends
mer & bonne marée.

Sçaches que si tu veux poser au haure de Gnodiane,
as au large de la terre , ou y a des baches qui sortent
rt dehors pose à 8. brasses vn petit deuers l'est du ha-
re, à trauers d'vne Eglise qui est à vne montagne.

Sçaches que si tu veux poser en Saltes, il te faut poser
5. brasses en crobin le castot de Balone auec l'Eglise
e saincte Marie de Rabide, & pour en dresser l'entrée
outeras à l'Eglise de sainct Sebastian de Palos,car ain-
est l'entrée, sonderas y a de basse mer en ceste-cy vne
rasse & demie, & pour opposer dessus elle bouteras a
inct Sebastian au nord à 5. brasses.

Sçaches que si tu veux entrer en Sanlucar de Bara-
ede, il te faut cognoistre les marques qui suiuent.sça-
hes que la meilleure entrée de *Sanlucar* gist est suest,&
est noroest, approche toy deuers Baramede delà à 3.
rasses & demie, puis bouteras à saincte Marie de Bara-
ede, & porteras la sonde dababour , & trouueras de
asse mer 3, la moindre eauë de l'achenal, & quand se-
s à trauers d'vn arbre gros, alargue toy de la terre, car
est la pointe, & ainsi iras poser, & quand bouteras à
Eglise de sainct Iacques auec l'Eglise Cathedralle de
inct Lucar, iras dessus la ville de sainct Lucar pour te
arder de l'altar, & quand tu penseras estre seur de l'al-
r le verras rompu, alargue toy de la terre de saincte
arie de Baramede car il y a de mauuaises rocques à
auers de saincte Marie delà en auant,& tu iras au nord

B

à l'ancraiſon, & poſeras à 8. ou 9. braſſes.

Sçaches que ſi tu veux entrer en ſainct Lucar auec la mer par l'achenal vieille, prendras demy marée, & les marques ſont ſuiuantes en ce chenal, tu as de laiſſer aller le piachon & l'oſtial dababour, & quand tu feras à trauers de Chipione iras au long de la terre ſur la ſonde pour te garder, deſcouure l'Egliſe de ſaincte Marie de Ieſus en la pointe du ſainct Eſprit, & par ainſi de la en là deſcouuriras l'araual de la pointe, & quand auras deſcouuert la maiſon des pecheurs qui eſt au deſſus de toutes les autres, cours au nordeſt droit à vne montagne de ſabliere, car de l'autre bande du rim eſt Baramende, & iras ainſi au nordeſt de la en là, puis deſcouuriras l'Egliſe de ſainct Iacques deuers le nort de l'Egliſe cathedrale, approche toy à la terre de ſainct Lucar, & iras à l'ancraiſon comme dit eſt, en cét achenal y a de baſſe mer 3. braſſes, y giſt le nordeſt & ſuroeſt.

Sçaches que ſi tu veux poſer en Chipione de leuant, garde toy de Salmedine qui giſt eſt oeſt de ſaincte Marie de Iogle, & laiſſeras Salmedine deuers terre; deuers la mer eſt ſaine, & quand auras paſſé Salmedine, iras poſer deuant Chipione à 7. ou 8. braſſes.

Sçaches que ſi tu veux entrer en Caliz auec le vent de leuant, tu auras meſtier de cognoiſtre les marques ſuiuantes pour te garder de la bache qui ſe nomme el diamante. Sçaches que ſi tu entre en Boultegaudo, deuers le ſud de Medine, y a vne rocque orquillade comme l'Iſle de ſainct Anton de Gatarie, il y a vne autre montagne ronde deuers l'eſt de ceſte rocque, ſçaches que quand tu auras fait le tour de ceſte petite montagne auec la montagne ronde qui eſt plus en l'eſt l'vne que l'autre, & l'Egliſe de ſaincte Marie qui eſt dehors la Cité auec la pointe de la main gauche, l'vne pour l'autre, ſeras au pied de la bacne, ſur elle il n'y a de baſſe mer ſinon vne braſſe & demie, & quand ſeras en ſaincte Marie

la pointe, porteras la marque susdite ouuerte l'vne de
autre, & quand descouuriras les Tours de la Cité la
ache te demeurera à la mer & pourras loger par toute
baye de la au posoir.

Sçaches que si tu veux entrer ou poser en Caliz auec
onent, tu iras à l'est quart de suest, car ainsi gist la baye
uis iras pres de la grande rocque qui est descouuerte,
ar au pied d'elle il y a 6. ou 7. brasses, & laisseras la ba-
he au milieu, & deuers ababour & n'apprimeras la ter-
e iusques à tant que descouures la fenestre de la Tour,
epuis serre toy à la terre à 5. ou 6. brasses.

Sçaches que si tu veux poser en saincte Catherine,
ose à 5. brasses en descouurant la rocque de deux cables.

S'ensuiuent les sondes de la coste d'Espagne.

Caches que à deux lieués de Fonterabie, tu trouueras
70. ou 80. brasses.

Item entre Gataru & sainct Sebastian, au coing tu
trouueras 95. brasses, & auras à terre 4 l.

Item sur le cap de Machichaco 2. l. & à la mer tu
trouueras 100. brasses.

Item sur le cap de Quecho à vne l. à la mer, tu trouueras 90. ou 100. brasses.

Item de Viuero iusques à Tapie tu te pourras seruir
de sonde sur sainct Sabrian de 100. brasses, & auras à
terre ., lieues sur le basme de 100. brasses, puis auras à
terre 5. l.

Item du cap de bayres iusques à Billano, y a 2. l. à la
mer, ou trouueras 90. brasses.

Item à 3. lieues de Finisterres tenant le cap à l'est, à
100. brasses, est basse.

Item du cap de Turiane iusques à Billano 1. l. à la
mer, y a 90. brasses.

Item tenant Montollero ou nordeſt, il y a trois lieuë
& le cap de Finiſterres au nord, y a cinq lieuës au cap à
trauers 75. braſſes.

Item partant de la Berlingue en route de nord, tu
trouueras 100. braſſes, & ſi tu trouue moins ſeras dedan
la route, & quand tu ſeras tant auant comme la garde
trouueras baſſe au cap.

Item tenant les farrillons de la Berlingue au nordeſt
à vne ou deux lieuës no deras ſonde tenant la Berlingu
au ſuroeſt en biſte de la allant la voye de nord, & y iras
par le coing du profond, y a 85. ou 90. braſſes.

Item eſtant à vne licuë de la rocque aïlant à la Berlingue, trouueras 60. braſſes, & 2. lieues dehors de la
route trouueras 85. braſſes, allât vne lieue à terre, trou
ueras 60. braſſes.

Item allant au cap Deſpichis iuſques à la rocque, & à
la route, tu trouueras allant deux lieues à la mer, 80.
braſſes.

Item tu dois ſçauoir que ſus le cap de ſainct Vincent
4. lieuës à la mer, tu trouueras 100. braſſes, à vne lieue
du cap, & trouueras des baches qui ſortent à la mer iuſques au cap, ſi n'eſt ſec, car ſi tu vas plus auant, trouueras plus profond.

Item tu dois ſçauoir, que ſi tu veux aller de Galic
par Andaluſie, & ſi voulois ſçauoir ſi tu as doublé le ca
de ſainct Vincent par nuict ou ſarrazon, ſçaches que
michica à l'eſt de 100. braſſes auras à terre 3. lieues,
de 80. braſſes 2. lieues, & de 70. braſſes vne lieue,
ces braſſes te ſuiuront iuſques à ce que tu double le cap,
& trouueras plus profond, & y a 6. l. au cap.

Item venant Dandaluſie de ponant, ſi vas doubler l
cap de S. Vincent par nuict ou ſarrazon, & ſi tu es tan
auant que michica prends les 100. braſſes ou 80. braſſe
comme ſera le temps, michica au nort, auras au cap 6
lieues, & de 100. braſſes 3. lieues, & de 80. braſſes 2

lieues.

Item de Saltes à Baramede, il y a 12. lieues en cefte paraige de 100. braffes: auras à terre 10. lieues, & de 25. braffes 4. l. & de 15. braffes 2. l. & de 10. braffes vne lieue.

Item garde les Arenes au nort à la pointe de Chipione au nordeft quart de l'eft, & auras 25. braffes & grand baffe au cap, la route te fortira au fueft quart de l'eft, & auras à la route trois lieues.

Item fus Salmedine par nuict ou farrazon ne te abaiffe de 25 braffes, tu auras à terre 1. lieue, de 30. braffes 2. l. & de 100. braffes 9. l. allant deffus Salmedine à 20. braffes auras au cap, tu fortiras au fueft, prends le fud.

Item des corralles de route iufques à fainct Sebaftian de Caliz par toute la baye a 12 braffes, tu trouueras fable menu, pierres & corralles iufques à Salmedine, tu trouueras fable gros comme féues, recolé toy vn petit de Caliz iufques à trafaga à la route, il y a 18. braffes, à trafaga ne t'approche à moins de 14. braffes.

Item tu dois fçauoir, que fi tu veux pofer à la baye de Caliz, pofe à 12. braffes, & de nuict ne t'approches à moins & fi tu trouue la fonde falle, ne te pofes à moins de 15. braffes, cecy s'entend auec bon temps, & fi tu as vent de mer pofe à 20. braffes.

Item fi tu veux pofer en fainct Sebaftian de Caliz, pofe à 10. braffes à la pointe de fainct Sebaftian, ne t'approche à moins de 7. braffes.

S'enfuiuent les lieux de la cofte d'Efpagne.
iufques à l'eftrecho.

Sçaches que de Bayonne au Figuier, y a   8. lieues.
Du Figuier à fainct Sebaftian,   4. l.
De fainct Sebaftian à Gatarie,   4. l.

De Gatarie à la Caytio,	5. l
De la Caytio à Bermeyo,	5. l
De Bermeyo à Castro durdiales,	7. l
De Castro à Laredo,	4. l
De Laredo à sainct Ander,	6. l
De sainct Ander à sainct Martin,	5. l
De sainct Martin à sainct Vincent,	5. l
De sainct Vincent à Lanes,	5. l
De Lanes à riue de Sille,	5. l.
De riue de Sille à les penes de Bocon,	10 l.
De les penes à Villes,	2. l
De Villes a Artedo,	1. l
D'Artedo a Luarca,	5. l
De Luarca a Nabie,	4. l.
De Nabie a Arriuaden,	4. l.
D'Ariuaden a Bero,	9. l.
De Bero a saincte Marte,	4. l.
De saincte Marte a Cidero,	4. l.
De Cidero au cap de Prior,	4. l.
De Priol a Ferol,	2. l.
De Ferol a la Crima,	3. l.
De la Crima a Cisargo,	6. l.
De Cisarge a Mongie,	8. l.
De Mongie au cap de Finisterres,	4. l.
De Finisterres a Concorbion,	2 l.
De Concorbion à Muruz,	4. l.
De Muruz a la pointe verde,	6. l.
De pointe verde a Bayonne,	5. l.
De Bayonne a la Gardie,	4. l.
De la Gardie a Biane,	4. l.
De Biane a ville de Conde,	6. l.
De ville de Conde au port,	4. l.
Du port a Bero,	9. l.
De Bero a Mondego,	9. l.
De Mondego a Chelis,	15. l.

De Chelis à la Carbonere, 3. l.

De la Carbonere a la rocque de Sintre, 12 l.

De la rocque de Sintre a Pichis, 8. l.

De Pichis au cap de ſainct Vincent, 30. l.

Du cap de ſainct Vincent a Lagos, 5. l.

De Lagos a Silbes, 2. l.

De Silbes a Alfaro, 8. l.

D'Alfaro a Tabrye, 4. l.

De Tabrie a Ayemonte, 3. l.

D'Ayamonte a Lepe, 4. l.

De Lepe a Palos, 4. l.

De Palos a ſainct Lucar, 13. l.

De ſainct Lucar a Caliz, 6. l.

De Caliz a trafaga, 10. l.

De Trafaga a Tariffe, 6. l.

De Tariffe a Gilbatar, 5. l.

S'enſuiuens les marées commençant de Caliz, au long de
la coſte, de là en Flandre.

TV ſçauras qu'en Calis, la Lune a l'eſt ſueſt, baſſe mer

Item a ſainct Lucas de Baramede, la Lune au ſueſt quart de l'eſt, baſſe mer.

Item en Saltes, la Lune a l'eſt ſueſt, baſſe mer.

Item en Lepe, la Lune au ſueſt quart de l'eſt, baſſe mer.

Item en Gnodiane, la Lune au ſueſt quart de l'eſt, baſſe mer.

Item en Tauille, la Lune au ſueſt quart de l'eſt, baſſe mer.

Item en Alfaro, la Lune au ſueſt quart de l'eſt, baſſe mer.

Item en Silbes, la Lune a l'eſt ſueſt, baſſe mer.

Item du cap de ſainct Vincent, de la aux Iſles de Bayonne en tous les ports de ceſte coſte, la Lune au ſueſt quart de l'eſt, baſſe mer.

Item de Bayonne de Galice, dela à Bayonne de France en toute la coſte d'Eſpagne, la Lune au ſueſt, baſſe
mer.

Item aux Aſnes de Bourdeaux, la Lune au ſud, baſſe
mer.

Item tu dois ſçauoir, que des Aſnes de Bourdeaux,
de la au raz en toute la coſte de Bretagne, la Lune au
ſueſt, baſſe mer.

Item au raz de Sain, la Lune au ſueſt quart de l'eſt,
baſſe mer.

Item en ſainct Mayo, la Lune au ſueſt, baſſe mer.

Item en Barbarac, la Lune au ſueſt, baſſe mer.

Item dedans le port d'Ochent, la Lune au ſueſt, baſſe
mer.

Item en Gualbay, la Lune au ſud quart de ſueſt, baſſe
mer.

Item au dos de l'Iſle de Bas, la Lune au ſud, baſſe
mer.

Item dedans la porte de l'Iſle de Bas, la Lune au ſud,
ſueſt, baſſe mer.

Item dedans Ochent de la l'Iſle deſſous, la Lune au
ſud baſſe mer, cecy eſt à la route.

Item à vne veüe de Ochent contre l'achenal, la Lune
au ſud ſuroeſt, baſſe mer.

Item en Miroane, la Lune au ſud quart de ſuroeſt,
baſſe mer.

Item de l'Iſle plus bas dela à ſainct Malo, en tous les
ports, la Lune au ſud, baſſe mer.

Item au raz de Brehac, & en Renauille, Iarſuy, & Ar-
roaſtouas, la Lune au ſud, baſſe mer & marée, & conte-
ras marée à tous les ports de Cornaille.

Item au port de Guarnaſny, la Lune au ſud, baſſe
mer.

Ité au Hour, la Lune au ſueſt quart de ſud, baſſe mer.

Item au dos de Guarnaſny, la Lune au ſud ſuroeſt, aſſe mer.

Item de Guarnaſny à 5. lieues à la mer, la Lune au uroeſt, baſſe mer, & prends vn petit de l'oeſt.

Item entre Cerquey & Renny y a vn banc de ſable iſt noroeſt & ſueſt, y a deſſus 9. braſſes, & bien longue eſſus demy giſante iuſques a demy marée du noroeſt, & demy giſante de ſueſt.

Item u dois ſçauoir que entre Renny & Cerquey ont les fereries, eſt bon lieu pour celuy qui le ſçait.

Item à la my maior Cerquey, la Lune au ſueſt, baſſe mer, & trouueras 12. braſſes és bon paus de l'eſt nor-deſt.

Item au raz du Blancart, la Lune au ſueſt quart de 'eſt, pleine mer.

Item à my chenal, la Lune au ſueſt, pleine mer.

Iem au ras de Renny, la Lune au ſueſt quart de ſud, pleine mer.

Item en Renny iuſques à Bayraflet, la Lune au ſueſt quart de ſud, pleine mer.

Item à la coſte de Conſtanna, à 30. braſſes, la Lu-e au ſueſt, baſſe mer.

Item à la Legue & Barraflet, & en Chiriboure en ous les ports iuſques à Viueflor, la Lune au ſueſt quart e ſud, pleine mer.

Item a la riuiere de Viueflor en Chiriboure, la Lune u ſueſt quart de ſud, pleine mer.

Item en Antiffet, la Lune au ſud ſueſt, pleine mer.

Item en Pocan, la Lune au ſueſt, pleine mer.

Item en Diepe, la Lune au ſud, quart de ſuroeſt, plei-e mer.

Item de Diepe iuſques a l'Ecluſe en tous les ports de ortoy, & en tous les ports & en Bologne, & en Cales, Guanerluſes, & en Donkerque, Nieuport & Oſtende, a Lune au ſud, pleine mer.

Item dedans l'Efclule, la Lune au fud quart de furoeft, pleine mer.

S'enfuiuent les trauerſ.. d'Eſpagne en chemin de nord & ſud.

GIst le bocal de Bayonne & le Figuier de Fontarabie
nordeſt & ſuroeſt quart de noſd & ſud: y a 10. l.

Giſent le bocal de Bayonne & pointe malle, nord &
fud, prends de noroeſt & ſueſt: y a 18. l.

Giſent la pointe malle & Cordan, nord & ſud, prenant de nordeſt & ſuroeſt: y a 18. l.

Giſent ſainct Iean de Lus & les Aſnes de Bourdeaux
nord & fud: y a 45. l.

Giſent Armaynaea & le cap de Sardinero, nord &
fud: y a 5. l.

Giſent le Paſſage d'Eſpagne & le pertuis, nord & ſud:
y a 55. l.

Giſent ſainct Sebaſtian & ſainct Steben d'Arcos,
nord & ſud: y a 60. l.

Giſent Gatarie & les Ballenes, nord & ſud: y a 60.
lieues.

Giſent Motrico & ſainct Gil, nord & ſud: y a 60.
lieues.

Giſent Machichaco & Vges, nord & fud: y a 65. l.
en ceſte route, tu te garderas de l'Orcanne.

Giſent ſainct Home & Beriſle, nord & ſud: y a 80.
lieues.

Giſent ſainct Ander & Groye, nord & ſud: y a 85.
lieues.

Giſent ſainct Vincent & Glaran, nord & ſud: y a 80.
lieues.

Giſent Lanes & Peermare, nord & ſud: y a 90. l.

Giſent ville Vicioſſe & Outanant, nord & ſud: y a 95.
lieues.

Giſent le cap des peynes & Sain, nord & ſud, prenant

de nordest & suroest: y a 95. l.

Gisent Riuadeu & Surlingue, nord & sud: y a 135. l.

Gisent les Isles de sainct Sabrian & la Tour de Gata-furge, nord & sud: y a 120. l.

Gisent le cap de Prior & Gabobiezo, nord & sud: y a 100. l.

Gisent le cap de Turiane & le cap de Clare, nord & sud: y a 140. l.

S'ensuyuent les trauersies d'Espagne au chemin de nord & sud, quard de nordest & suroest.

Sçaches que gisent le cap de Turiane, & les Isles de Saltes, nord & sud quart de nordest & suroest, y a 180. lieuës.

Gisent Cisarge & Surlinge, nord & sud quart de nordest & suroest: y a 135. l.

Gisent sainct Sabrian & Ochent, nord & sud quart de nordest & suroest: y a 100. l.

Gisent les Paynes & Glaran, nord & sud quart de nordest & suroest: y a 93. l.

S'ensuiuent les trauersies d'Espagne au chemin de nord nordesi & sud suroest.

Sçaches que gist le cap de Turiane & Alisart, nord nordest & sud suroest: y a 150. l

Gisent Cisarge, & Ochent, nord nordest & sud suroest: y a 115. l.

Gisent Ortiguero & Sain, nord nordest & sud suroest: y a 100. l.

Gisent Bayres & Outanant, nord nordest & sud suroest: y a 100. l.

Gisent sainct Sabrian & Peesmare, nord nordest & sud suroest, y a 90. l.

Gifent Riuadeu & Glaran, nord nordeſt & ſud ſur
oeſt: y a 95. l.

Gifent les Paynes & Beriſtes, nord nordeſt & ſud ſur
oeſt: y a 85. l.

Gifent S. Vincent & Vges, nord nordeſt & ſud ſur
oeſt: y a 72. l.

Gifent S. Ander & Ollonne, nord nordeſt & ſud ſur
oeſt: y a 72. l.

Gifent S. Home & les Ballennes, nord nordeſt &
ſud ſuroeſt: y a 72. l.

Gifent Machichaco & Malmiſſon, nord nordeſt &
ſud ſuroeſt: y a 55. l.

S'enſuiuent les trauerſes d'Eſpagne en chemin de nordeſt &
ſuroeſt quart de nord & ſud.

SÇaches que giſent ſainct Home & Cordan, nordeſt
& ſuroeſt quart de nord & ſud: y a 70. lieues.

Gifent le cap de Late, & l'Iſle de Loyron, nordeſt &
ſuroeſt quart de nord & ſud: y a 70. l.

Gifent ſainct Vincent & les Ballennes, nordeſt & ſur
oeſt quart de nord & ſud: y a 70. l.

Gifent au bord de Sille & les barges d'Ollonne, nor
deſt & ſuroeſt quart de nord & ſud: y a 75. l.

Gifent Riuadeu, & Garande, nordeſt & ſuroeſt quart
de nord & ſud: y a 100. l.

Gifent Ortiguero & Glanan, nordeſt & ſuroeſt quart
de nord & ſu: y a 100. l.

Gifent Prior & Peſmare, nordeſt & ſuroeſt quart de
nord & ſud: y a 100. l.

Gifent ſainct Ander & Cordan, nordeſt & ſuroeſt
quart de nord & ſud: y a 75. l.

Gifent Ortiguero & le pertuis d'Eſpagne, nordeſt &
ſuroeſt quart de l'eſt oeſt: y a 100. l.

Gifent Ortiguero & Cordan, eſt nordeſt & oeſt ſur

eft: y a 115. lieues.

Gifent Prior & Berifle, nordeft & furoeft: y a 100. lieues.

S'enfuiuent les trauerfes d'Efpagne au chemin de nord,
& fud quart de noroeft & fueft.

GIft le bocal de Bayonne & Ollonne, nord & fud, quart de noroeft & fueft: y a 60. lieues.

Gifent Machichaco & Berifle nord & fud, quart de noroeft & fueft: y a 85. l.

Gifent le Paffage & Vges, nord & fud quart de noroeft fueft: y a 67. l.

Gifent fainctHome & Peesmare, nord & fud quart de noroeft & fueft: y a 90. l.

Gifent le cap de Late & Outanant, nord & fud quart de noroeft & fueft: y a 95. lieues.

Gifent Laftres & Sourlinge, nord & fud quart de noroeft & fueft: y a 135.

Gifent les Paynes & Yocle, nord & fud quart de noroeft & fueft: y a 164. l.

Gifent Ortiguero & Drofey, nord & fud quart de noroeft & fueft: y a 162. l.

S'enfuyuent les trauerfes en chemin de nord noroeft
& fud fueft d'Efpagne.

GIft le bocal de Bayonne & Berifle, nord noroeft & fud fueft: y a 80. l.

Gifent le Figuier & Groye, nord noroeft & fueft: y a 85. l.

Gifent fainct Sebaftian & Glaran, nord noroeft & fud fueft: y a 82. l.

Gifent Machichaco & Outenant nord noroeft & fud fueft: y a 100. l.

Gisent le Baerro & Sain, nord noroest & su suest: y à
100. l.

Gisent le bocal de Bayonne & Sain, noroest & suest
quart de nord & sud: y a 110. l.

Gisent le Figuier de Fonterabie & Cabobiezo, noroest & suest quart de nord & su: y a 200. lieues, en ceste
route, tu passeras de Sain 3. ou 4. lieues, du Figuier à
Sain, y a 115. lieues.

S'ensuiuent les routes au long de la coste de France
& Bretagne, iusques au Heur.

GIst le Figuer de Fonterabie & le Bocal de Bayonne
nordest & suroest quart de nord & sud: y a 10. l.

Gisent les Erretes & les Asnes de Bourdeaux, & Cordan, nord & sud: y a 45. l.

Gisent les Asnes de Bourdeaux & le pertuis d'Espagne, nord noroest & sud suest: y a 12. l. à Sardinero, y
a 8. l.

Gisent l'entrée de la cueue & Sardinero, noroest suest
quart de nord & sud: y a 5. l.

Gisent le pertuis d'Espagne & l'Isle Dayas, est suest
& oest noroest: y a 4. l.

Gisent Sardinero & la pointe de Sarrandis, nord &
sud quart de noroest & suest: y a 2. l.

Gisent le pertuis d'Espagne & le boscage de la Rochelle, est nordest & oest suroest: y a 4. l.

Item tu dois sçauoir que au bocamet du pertuis d'Espagne, trouueras 13. brasses, à trauers de saincte Marie
trouueras 24. brasses.

Gisent les Asnes de Bourdeaux & l'Isle d'Vges, noroest & suest quart de nord & sud: y a 30. l.

Gisent les Asnes & l'Orcanne, noroest & suest quart
de l'est oest: y a 22. l.

Gisent les Asnes & Glaran, noroest suest: y a 60. l.

Giſent les Antrochates & ſainct Steben d'Arcos, noroeſt & ſueſt quart de nord: y a 6.l. & de la pointe de ainct Steben pour abocar par le pertuis d'Eſpagne, iras à l'eſt & ſueſt.

Giſent Alabardin comme la premiere pointe du boſſage, nordeſt & ſuroeſt quart de l'eſt oeſt.

Giſent les Ballenes, & y a nord & ſud: cinq lieues.

Giſent les Ballennes & la Tour d'Ollonne, noroeſt & ſueſt quart de nord & ſud: y a 7.l. & s'il y a marée garde que tu ne t'engouffre.

Item tu dois ſçauoir que allant ſur la pointe de ſainct Steben d'Arcos, à 8. braſſes allant à la voye de nordeſt, paſſeras pres des Ballenes, & ſi tu as marée gadre toy que ne te iette ſur elles.

Giſent le pertuis de Bretagne, eſt ſueſt & oeſt noroeſt au bocament tu trouueras 13. braſſes, & ſi iras du pertuis en dehors, allant la voye de l'oeſt noroeſt, & n'ayes peur des barges d'Ollonne, iras dehors du ges 2. l. y a deux pertuis à Vges 16.l.

Giſent les Ballennes & l'Iſle d'Vges, noroeſt & ſueſt quart de l'eſt oeſt: y a 13.l.

Giſent les Ballenes & l'Orcanne, eſt oeſt quart de nordeſt & ſuroeſt: y a 11.l.

Giſent les barges d'Ollonne & l'Orcanne, nordeſt & ſuroeſt quart de l'eſt oeſt: y a 10.l.

Giſent les barges d'Ollonne & l'Iſle d'Vges, eſt ſueſt & oeſt noroeſt: y a 8.l.

Giſent les barges d'Ollône & Sangil, noroeſt & ſueſt: il y a 5.l.

Giſent Sangil & l'Iſle d'Vges, eſt oeſt: y a 4.l.

Giſent Vges & Beſa, nordeſt & ſuroeſt quart de l'eſt oeſt: il y a 3.l.

Giſent Vges & l'Orcanne, nord & ſud: y a 10.l. & ure l'Orcanne 4.l.

Gisent Vges, & l'entrée de Bereseau, nord nordest &
sud suroest : y a 3. l.　garde toy que la marée ne te iette sur les piolantes.

Gisent Vges & le blanchin de Garande, nord & sud
quart de noroest & suest, y a 10. l.

Gisent le clocher d'Vges & la pointe , nordest & suroest, cecy est entre l'Isle & le Certan , & passeras par
terre de l'Isle au long d'Vges par la pointe.

Gisent Vges & le cardenar de l'entrée de Murbian,
nord noroest & sud suest : y a 15. l. & du cardenar à Murbian, y a 6. l.

Gisent le cap de noroest & d'Vges & le pioler nord
& sud prenant de noroest & suest : y a 7. l. en ceste route, garde que ne te iette sur les piolantes.

Gisent le pioler & la charpenterie , nord nordest &
sud suro est : y a 4. l.

Gisent le pioler & sainct Lazar, nord nordest & sud
suroest : y a 4. l.

Gisent le pioler & cap de la Marie , est suest & oest
noroest : y a 12. l.

Gisent Vges & Berisle, noroest & suest : y a 18. l.

Gisent le blachin de Garande & la pointe de Cruzic
nord noroest & sud suest : y a 2. l. & dure le blachin est
suest & oest noroest : y a vne lieue & demie à y entrer, le
blachin & le sud demy lieue de chenal entre les 2. 14
ou 15. brasses.

Gisent la pierre percée & la pointe de la Croix de
Garande, est oest quart de noroest & suest : y a 4. l.

Gisent la Croix de Garande & sainct Iacine darnis
noroest & suest : y a 5. l.

Gisent la Croix de Garande & l'Isle d'Vges , nord
noroest & sud suest : y a 3. l.

Gisent l'Isle d'Vges & Alsul, nord & sud : y a 3. l.

Gisent la voye & l'entrée Daredon, nord nordest &
sud suroest : y a 4. l.

Gisent

Giſent l'entrée de la Tune, & port Sanſon, nordeſt & ſuroeſt: y a 4.

Giſent Garande & le cap de la Marie, eſt oeſt, & rendras de nordeſt & ſuroeſt: y a 8. l. Mais en ceſte voye, garde toy du blachin de la Marie au cardenar, y a 5. l. du cap de la Marie à l'eſt ſueſt, iras ſur vne bache ui ſe nomme le blachin.

Giſent Perlan & la porte, nordeſt & ſuroeſt: y a 3. ieues.

Giſent le cap de la Marie & la pointe de ſud de Conarbaray, nord & ſud: y a 4. l.

Giſent Beriſle & Concarneau, noroeſt & ſueſt: y a 5. l.

Giſent Beriſle & Glaran, noroeſt & ſueſt quart de 'eſt oeſt, y a 12. l. allant de Beriſle à la voye de l'oeſt ioroeſt, & n'ayes peur de la louente de Glaran, mais aſſeras bien pres du pied de la Iouente, y a 45. braſſes, ſort ceſte bache au ſuroeſt du cap de l'eſt de Glanan, à ne lieue petite és terres de la Iouente, & trouueras 40. raſſes.

Giſent Beriſle & Sain eſt ſueſt & oeſt noroeſt: y a 34. ieues.

Giſent le cap de l'Iſle de Groye & l'entrée de Blabet, ordeſt & ſuroeſt quart de l'eſt oeſt, y a 4. l.

Giſent Groye & Glanan eſt oeſt, il y a 7. lieues, en eſte route y a vne bache qui eſt à la tierce part du chein dedans Groye & Glaran au pied de la rocque y a 7. braſſes, & ſur elle y a vne braſſe & demie, puis pours paſſer de terre, & deſcouure l'hermitage de Glaran euers le nord de la pointe longueur de deux boelles, & nant l'hermite comme la pointe, iras ſur la bache, giſt plus haut de Glanan eſt oeſt.

Giſent la grand rocque qui eſt deuers Glanan & Cõ-arneau, nord & ſud: y a 3. l.

Giſent la Iouente de Glanan, & la pierre de Peeſ-

C

mere, eſt ſueſt & oeſt noroeſt: y a 7. l.

Giſent le cap de l'eſt de Glanan & Benauder, noroeſt & ſueſt quart de nord & ſud: y a 4. l.

Giſent les Montones & la pierre de Peesmare, eſt oeſt quart de nordeſt & ſuroeſt: y a 5. l.

Giſent Peesmare & Outanant, noroeſt & ſueſt: y a 9. l.

Giſent le Fardlon de l'entrée de Peesmare & la ba-che, nordeſt & ſuroeſt quart de l'eſt oeſt.

Giſent Peesmare & Sain, eſt ſueſt & oeſt noroeſt: y a 12. l. tu garderas s'il y marée ne t'engouffie dedás au ras du Sain prends de l'oeſt, car la marée court fort au nord.

Giſent Sain & Ochent, nord & ſud quart de noroeſt & ſueſt: y a 12. l.

Giſent le cap d'Outanant & le cap de l'oeſt de Sain, eſt noroeſt & oeſt ſuroeſt, & pour mieux doubler la pointe de Sain, iras au ſuroeſt, pource que Sain & la pointe git nordeſt & ſuroeſt quart de l'eſt oeſt, de Outanant à Sain, y a 2. lieues, & de Sain à la pointe, y a 3. lieues.

S'enſuinent les routes de Outanant, au long de la coſte de Normandie & Picardie.

SCerches que Giſent Outanant & ſainct Mayo, nord & ſud: y a 9. l.

Giſent ſainct Mayo & le Hout nord & ſud quart de noroeſt & ſueſt: y a 0. l.

Giſent les Porcs & l'iſle de Gar, eſt oeſt.

Giſent Ochent & le Hour, eſt oeſt quart de nordeſt & ſuroeſt: y a 6. l.

Giſent le Hour & les Requeſtes de Porſaut, eſt nordeſt & oeſt ſuroeſt: y a 3. l.

Giſent Porſaut & Barbatac, nordeſt & ſuroeſt quart de l'eſt oeſt: y a 4. l.

Giſent Ochent & les Requettes de Barbarac, eſt nordeſt & oeſt ſuroeſt: y a 11. l.

Giſent Barbarac & l'iſle de bas, eſt nordeſt & oeſt ſuroeſt: y a 13. l.

Giſent Barbarac & Gualbay, eſt nordeſt, prenant de ordeſt & ſuroeſt, y a 7. l. & gitt vne bache eſt oeſt, à ne lieue, ne la deſcouure ſinon de baſſe mer.

Giſent Gualbay & la Bandere, eſt oeſt prenant de nordeſt & ſuroeſt, y a 7 l.

Giſent l'Iſle de Bas & les Dragons, les 7. Iſles, eſt nordeſt & oeſt ſuroeſt, y a aux Dragons 7. l. des Dragons aux 7. Iſles, y a 3. l.

Giſent les 7. Iſles & cap de Ciebre de Brehac, eſt oeſt a 7. l. & ſi tu veux aller dehors de Lorrene, prends vn uart de nordeſt.

Giſent les 7. Iſles & Rocquetobas, eſt nordeſt & oeſt ſuroeſt, y a 8. l.

Giſent les 7. Iſles & le cap Darmeloc, eſt oeſt, y a 5. ieues.

Giſent les 7. Iſles & le cap de Brehac, eſt oeſt quart e nordeſt & ſuroeſt: y a 7. l.

Giſent les 7. Iſles & Garneſie, nordeſt & ſuroeſt uart de nord & ſud: y a 14. l.

Giſent l'Iſle major des 7. Iſles & le haure de S. Gui-aſt, noroeſt & ſueſt, y a 2. l. & ſi eſt inſante, prend. vn uart de l'eſt.

Giſent Lorrene & le cap de Late, eſt ſueſt & oeſt nor-eſt: y a 10. l.

Giſent le cap de Late & S. Mallo, eſt oeſt, y a 4. l. allät ou 3. l. à la mer des 7. Iſles, allant la voye de l'eſt ſueſt, ayes peur de Rocquetobas, ny de Lorrene, de Brehac ras à la pointe de S. Malo, y a 20 l. à S. Malo.

Giſent ſainct Gundail & le cap de Grane de Garneſie, nord nordeſt & ſud ſuroeſt: y a 18. l.

Giſét le cap de nordeſt de Garneſie, & les Caſquer

nord & ſud quart de norde ſt & ſuroeſt: y a 6. l.

Giſent le cap de grane & les Caſquets, nordeſt & ſur oeſt quart de nort & ſud: y a 7. l.

Giſent Ochent & les Caſquets, nordeſt & ſuroe quart de l'eſt oeſt: y a 8. lieues.

Giſent l'achenal dedans Orquey & Orney, nord nor deſt & ſud ſuroeſt: y a 7. l.

Giſent les Caſquets & Orney, eſt ſueſt & oeſt nor oeſt: y a ʒ. l.

Giſent Orney & cul de Lague, eſt ſueſt & oeſt nor oeſt, prends de l'eſt oeſt: y a ʒ. l.

Giſent l'achenal d'entre les deux, eſt nordeſt & oe ſuroeſt.

Giſent cul de Lague, & Garneſnie, eſt nordeſt & oe ſuroeſt: y a 10. l.

Giſent Orney & la pointe de Bairaſler, eſt oeſt, prenant de noroeſt & ſuroeſt: y a 12. l.

Giſent cul de Lague & Bairaſler, eſt oeſt quart d nordeſt & ſuroeſt: y a 10. l.

Giſent les Caſquets & la pointe de Bairaſler, eſt oeſt: y a 15. l. & ſort ceſte pointe de la terre, au milieu y paſſage deuant Amor au Certan, & y a de baſſe mer vn braſſe ſur la pointe.

Giſent Bairaſler & Secan, eſt oeſt, y a 20. lieues, & a vne bache mettras à l'oeſt de Bairaſler à trauers du ſa ble.

Giſent Bairaſler, & l'Iſle de S. Marcol, nord noroe & ſud ſueſt: y a 8. l.

Giſent Bairaſler, & la foſſe de Guolleuille, eſt ſueſt oeſt noroeſt, y a 10. l.

Giſent Bairaſler, & ſainct Mallo, eſt ſueſt & oeſt nor oeſt: y a 18. lieues.

Giſent Bairaſler & cap de Caũr, eſt oeſt quart de nordeſt & ſuroeſt: y a 20. l.

Giſent Bairaſler & Antifer, eſt oeſt: y a 18. l.

Gifent Bairafler & Diepe, eft oeft quart de nordeft & oroeft: y a 30. l.

Gifent Bairafler & la fofie de Guaio, eft nordeft & eft furoeft: y a 42. l.

Gifent Bairafler & le cap de Saucater, nordeft & furoeft quart de l'eft oeft: y a 48. l. & y a vn bâc de noroeft du clocher de Diepe bien 35. l. à la mer, y a de bafie mer d'eaux viues fur le banc vne brafie & demie.

Gifent Colle Ville & Antifer, nordeft & furoeft: y a 9. lieues.

Gifent le cap de Caür & Antifer, nord & fud : y a 4. lieues, & 2. lieues d'Antifer, tiendras à Diepe à l'eft & nordeft: y a 14. l.

Gifent Antifer & fainct Sabrian, eft nordeft & oeft furoeft: y a 7. l. prends de l'eft oeft.

Gifent Antifer & Guaio, nordeft & furoeft: y a 26. lieues.

Gifent Diepe & Guaio, nordeft & furoeft quart de nord & fud: y a 12. l.

Gifent la fofie de Guaio & Eftapes, nord & fud, prenant de noroeft & fueft: y a 7. l.

Gifent Eftapes & Bologne, nord & fud: y a 5. lieues allant à trauers de Bologne vne lieue à la mer comme vn banc.

Gifent Bologne & le cap Darues, nord nordeft & fud furoeft, y a 3. l.

Gifent le cap de Saucater & le cap Darues, nordeft & furoeft, prends de nord & fud: y a 3. l.

Gifent le cap de Saucater & Cales, eft nordeft & oeft furoeft: y a 2. l.

Gifent le cap d'Antifer & le cap de Saucater, nordeft & furoeft quart de nord & fud: y a 32. l

S'enfuiuent les lieues de Normandie, & Picardie.

Sçaches que d'Outanant à S. Mayo, y a	7.l.
De S. Mayo à Lorenne,	3.l.
De Lorrene à Barbarac,	7.l.
De Barbarac à Gualbay,	7.l.
De Gualbay à l'Isle de Bas,	7.l.
De l'Isle de Bas à 7. Isles,	10.l.
Des 7. Isles à Garnesnie,	14.l.
De Garnesnie à Renny,	7.l.
De Renny à Chiribourc,	7.
De Chiribourc à Bairasser.	7.l.
De Bairasser à la Oga.	7.l.
De la Oga à cap de Caür,	17.l.
De Same à Antifer,	4.l.
D'Antifer à Diepe,	12.l.
De Diepe à Guaio,	12.l.
De Guaio à Estapes,	7.l.
D'Estapes à Bologne,	4.l.
De Bologne à cap de Saucater,	5.l.
De Saucater à Calais,	2.l.

S'enfuiuent les cours de Lirlesse au long de la coste de Normandie iusques à Calais.

SÇaches que dans le chenal de Lirlesse, iusques à 100. brasses court la iusante de l'oest suroest, le mesme court dedans Molines & Ochent, iusques à 100. brasses autour d'Ochent à 50. brasses il n'y a pas d'estancque.

Item dans Porsaut vient la iusante de nord nordest.

Item des isles de Bas iusques à Porsaut, vient la iusante de l'est quart de nordest à 2. Isles de Bas, vient la iusante de l'est prends de suest.

Item dedans 7. Isles & dehors, vient la iusante de l'est

suest.

Item en Lorrenne & le cap Febroe, vient la iusante de l'est.

Item entre Casquer & Renny, vient la iusante de sud suest.

Item entre Cerquey & Renny, y a vn banc de sable, gist le banc noroest & suest, y a sur le banc de basse mer 9. brasses, & vient l'anguadgo demy maree, iusques à demy iusante de l'est suest.

Item de Bairasler, iusques aux Isles de S. Marcol vient la iusante de suest.

Item de Renny, iusques à Bairasler, vient la iusante de sud suroest.

Item de Bairasler iusques à Caür, vient la iusante de suest quart de l'est.

Item du cap de Caür iusques à Antifer, vient la iusante de nord nordest.

Item d'Antifer iusques à Diepe, vient la iusante de l'est nordest.

Item de Diepe iusques à Guaio, vient la iusante de nordest.

Item de Guaio iusques à Bologne, vient la iusante de nordest, prends du suest.

Item du cap d'Arues iusques à Bologne, vient la iusante de nord.

Item en l'Estrecho, vient la iusante du nordest quart de nord.

S'enfuiuent les sondes de la coste de France, Bretagne,
iusques à Ochent.

Sçaches que s'il t'aduient par vn mauuais temps poser à la coste d'Arequasson, ne pose à moins de 35. brasses, parce que aux 20. la mer rompt.

Sçaches que à l'oeft & furoeft de la Tour de Cordan
2. l. à la mer, tu trouueras 22. braffes.

Sçaches que ayant les Rondelles au nordeft de 25.
braffes, auras à terre 3. l. allant à la voye de nordeft af·
foumirez de coup.

Sçaches que entre les Afnes & le pertuis d'Efpagne à
la route de nord noroeft & fud fueft, trouueras 18.braf-
fes, & depuis quand auras paffé les Ballenes iufques à
Ollonne, trouueras 18. braffes, & depuis que auras paffé Ollonne iufques à Vges, trouueras 20. braffes eftant
fur Ollonne à 21.braffes allant la voye de l'oeft noroeft
iras au milieu d'Vges.

Sçaches que au paraige du pertuis d'Efpagne de 70.
braffes, auras au pertuis 20. lieues; de 60. braffes 18. l.
de 50. braffes 15. lieues; de 40. braffes 12. lieues; de
30. braffes 7. lieues; de 25. braffes 4. lieues; & fi dedans
25. braffes tu trouues baffe, feras deuers Malmiffon, &
fi tu trouues pierres comme féues, feras deuers les Ballenes ou autour d'elles.

Sçaches que ayant les Ballenes au nordeft de 100.
braffes, auras à terre 25. l. de 90. braffes 22. l. de 80
braffes 19. l. de 70. braffes 16 l. de 60. braffes 14. l. de
50. braffes 10. l. de 40. braffes 7. l. de 30. braffes 4. l.
de 20. braffes vne lieue & demie.

Sçaches que tenant Ollonne au nordeft quart d'eft
dés 28. braffes, auras Ollonne 5. l. trouueras à la fonde
groffe comme grane.

Sçaches que tenant l'Ifle d'Vges au nord dés 80.
braffes, auras à Vges 27. l. de 70. braffes 20. l. de 60.
braffes 15. l. de 50. braffes 12. l. de 40. braffes 10. l.
entre l'Orcanne tenant à l'Ifle 4. ou 5. l. trouueras 30.
braffes.

Sçaches que tenant Vges au nordeft dés 100. braffes
auras d'Vges 24. l. de 90. & de 80. braffes 14. lieues,
de 70. braffes 12. l. de 60. braffes 10. l. de 50.braffes 7.

l. de 40. braſſes 4. lieues, de 33. braſſes tenant le cap au
noroeſt & l'Iſle au nordeſt, auras à Vges 2. l.

Sçaches que entre Vges & Beriſle à la route, tu trouueras 27 ou 30. braſſes entre Beriſle & Glaran à la route de l'eſt ſueſt & oeſt noroeſt: y a 40. braſſes.

Sçaches que tenant Beriſle au nord dés 80. braſſes,
auras 16. l. de 70. braſſes 12. lieues, de 60. braſſes 8.
l. & s'entend nord & ſud de la Marie.

Sçaches que tenant Beriſle au nordeſt dés 100. braſſes
auras à terre 21. l. de 90. braſſes 18. l. de 80. braſſes 15. l.
de 70. braſſes 11. l. de 60. braſſes 5. ou 6. l. & de 50.
braſſes vne lieue & demie.

Sçaches que tenant Groye au nordeſt dés 55. braſſes
auras à Groye 2. l. & trouueras baſſe allant 3. l. à la mer
de Peesmare allant à l'oeſt noroeſt tu doubleras Sain, &
auec marée prendras de l'eſt: car l'eau court fort deuers
Outanant & Sain.

Sçaches que tenant Glanan au nord dés 100. braſſes,
auras à terre 24. l. de 90. braſſes 20. lieues, de 80. braſſes 18. l. de 70. braſſes 12. l. de 60. braſſes 7. l. de
50. braſſes 4. l. à la terre.

Sçaches que tenant Glaran au nord nordeſt de 100.
braſſes, auras à Glanan 22. l. de 90. braſſes 18. l. de 80.
braſſes 16. l. de 70. braſſes 12. l. de 60. braſſes 7. l. &
de 50. braſſes 2. l. à la terre.

Sçaches que tenant Peesmare au nord des 100. braſſes, auras à terre 20. l. de 90. braſſes 17. l. de 80. braſſes
14. l. de 70. braſſes 8. l. de 60. braſſes 6. l. de 50. braſſes
2. l. à la terre.

Sçaches que tenant Peesmare au nord nordeſt dés
100. braſſes auras à terre 17. l. de 90. braſſes 14. lieues,
de 80. braſſes 11. l. de 70. braſſes 8. l. de 60. braſſes 5.
l. de 50. braſſes vne lieue & demie.

Sçaches que tenant Sain au nord de 100. braſſes, auras à terre 15. l. de 90. braſſes 13. l. de 80. braſſes 11. l.

de 70. braffes 8. l. de 50. braffes 1. l. & demie, & ne t'abbaiffes de 50. braffes deffus Sain.

Sçaches que tenant Sain au nord nordeft à 100. braffes, tu trouueras à la fonde comme groffes efcailles rompuës, & entreras auffi toute la fonde comme dit eft.

Sçaches que à trauers de Lirleffe à 76. braffes, trouueras areftes blanches petites, les aucunes rompuës, &
entreras par le fable gros.

Sçaches que deffus Outanant à 60. broffes, trouueras
baffe, allant la voye du nord, & fi la marée eft aftomy-
ras de coup entre Glanan & Peesmare, à la route y a 40.
braffes, le mefme entre Peesmare & Sain deffus Lauder-
ue, y eft baffe entre Sain & Ochent à la route de nord &
fud y, a 50. braffes, prends garde, car la maree court fort
en la Guoile de Lirleffe, autour de Outanant auffi.

Sçaches que allant deffus Berifle allant chercher Sain
ne t'abbaiffes auec vent de la mer, à moins de 55. braffes, & prends les 60. braffes à la route de l'oeft noroeft,
& quand feras tant auant comme Glanan ou Peesmare,
ne t'abbaiffe defdites braffes auec vêt de mer, te fuiurôt
à la route de l'oeft noroeft iufques à Sain, & quand auras doublé Sain.

Sçaches que entre Glanan & Pees mare, à 60, braffes
trouueras baffe, & te fuiuront les braffes iufques à L'au-
derne & Outanant, d'efpuis trouueras fort grand collur,
& de 60. braffes auras a terre 4. ou 5. l.

Sçaches que à un nauire qui eft fur la pointe de Sain
au pied d'elle, trouueras 50. braffes, & fus elle y a 20.
braffes, & dedans la pointe y a 40. braffes ez foffes, fonde car de 45. braffes iufques à 40. tout eft rocques.

Sçaches que les pefcheurs de Sain difent que gifent
l'eft oeft 2. baches 24. lieuës, & à 1. lieuë de terre y a 3.
baches qui d'efcouurent de baffe mer, qui fe nomment
les baches fredes, au pied des baches qui font plus à la
mer, y a 45. braffes, au pied des plus à terre, y a 40. braf-

fes deſſus Sain, ne t'abbaiſſes de 50.braſ. & feras aduiſé.

S'enfuiuent les entrées des ports de France & Bretagne, iufques à Flandres.

Sçaches que ſi tu veux entrer dans Arcquaſſon par l'enrée principale pres la pointe de nord & ſud,iras droit aux pointes iuſques à 4.braſſes, & porte vn boſcage petit que verras à l'eſt ſueſt , & ainſi n'ayes peûr de pointe maſſe, depuis iras par dedans.

Sçaches que ſi tu veux entrer par les paus de Solac, pour accorder au nord & ſaincte Marie de Solac à l'eſt ſueſt, & le puy blanc à l'eſt nordeſt & ainſi iras par dedans les Oliues & le cauiron,iras la voye de l'eſt nordeſt iuſques à ce que deſcouures le Chaſteau d'Aronſte par la pointe du bourdon qui eſt grande comme vne voille de nauiré, laiſſe la marque du puy blanc, iras droit à la pointe du bourdon leuant le Chaſteau deſcouuert de la pointe, & ceſte entrée ſe muë beaucoup de fois, y a de baſſe mer 2. braſſes & demie.

Sçaches que ſi tu veux entrer entre Cordan & le Cauiron, boute à Cordan au nord, & à S. Marie de Solac à l'eſt ſueſt, & deſcouure par la pointe au bourdon du boſcage, qui eſt plus dedans d'Aroane & tiens la largeur d'vne voille de nauire auec la pointe, & allant ceſte marque leueras la pointe du bourdon quart de l'eſt, & le puy blanc à l'eſt nordeſt,en ceſte entrée y a 2. braſſes de baſſe mer, & quád tu ſeras pres de la pointe du boudon, donneras Amor deuers Ababour par les playes.

Sçaches que ſi tu veux entrer par les Aſnes de Bourdeaux boute à Cordan à l'eſt, & la grand rondelle qui eſt deuers l'eſt nordeſt quart de nord, & iras la voye de nordeſt quart de nord iuſques à trauers les puis plus gráds qui ſót dás la ſabliere de ʙergerac à l'eſt nordeſt inſques à ce que tu boutes à Cordá auec S. Marie de Solac

ouuerte la largeur d'vne voile de nauire, & que Cordan
foit deuers le nordeſt, alors tu ſeras à trauers de la Mauueſſe, & tiendras à Cordan au ſueſt quart de ſud, & quãd
tu doubles le Mauueſſe, tiendras la grand ronuelle au
nord, & pour te garder de la Mauueſſe porte le clocher
au cor d'vne voile par deſſous du cap de la terre noire,
alors ſeras au pied de la Mauueſſe, depuis iras au long
de la terre, deras Amor à la terre noire par plaiſir.

Sçaches que ſi tu veux venir deuers la Rochelle, & ſi
tu voulois entrer par l'Aſne de Bourdeaux, ne t'approches à l'Aſne à moins de 12. braſſes, iuſques à ce que tu
prendras les marques ſuſdites, & ceſte entrée iette la marée deſſus la Mauueſſe, & la Iuſante deſſus l'Aſne & ne
t'approches à l'Aſne à moins de dix ou douze braſſes, &
pource que és à picque, & deuers la Mauueſſe és à picque à la Mauueſſe, ne t'approche à moins de 8. ou 9.
braſſes: car de l'vne ſonde à l'autre ſeras deſſus elle, & ſi
a grand mer la verras rompue entre l'Aſne & la Mauueſſe y a 22. braſſes à l'entrée de l'Aſne, trouueras 7.
braſſes, & y a paramentes.

Sçaches que deuers l'oeſt de Malmiſſon, verras la
Tour d'Oleron, & quand ſeras à trauers dudit Oleron,
cela te ſemblera comme vne voile de nauire, & deuers
l'oeſt de la Tour d'Oleron verras vne Egliſe qui ſe nõ-
me ſainct George, & deuers l'oeſt de ceſte Egliſe, verras
Sardinero, il te ſemblera 3. ou 4. pois de ſable, & ſemble tout en vn, & le poy deuers le noroeſt eſt plus haut;
deuers l'oeſt de Sardinero, verras ſainct Denis; deuers
l'eſt de ſainct Denis verras 2. moulins à vent qui ſont
deſſus vne montagne.

Sçaches que ſi tu veux entrer au bois de la Rochelle
par le pertuis d'Eſpagne, porteras deſcouuerte toute la
la ville de la Rochelle deuers le ſueſt de la pointe du
port neuf, & pour garder des corralles de S. Marie la
blanche, & du banc qui ſe nomme Rybaldin, & poſeras

audit bofcage à 6. braffes, & fi voulois aller à la vaze vielle ou à la chefne, tu as meftier de marée & pleine mer & eaux viues fi tu as grand nauire, & fi tu voulois aller à la palice de la mer en dehors par le pertuis d'Efpagne par le milieu à l'eft nordeft, ainfi côme fi tu eftois au bocage par le banc de Rayuadin, defcouure la baye de la palice, tu iras droit à Labadie, & pofe vn petit du fueft de Labadie à 7. ou 8. braffes, tu auras bon lieu de fueft iufques au noroeft tout de vent d'aual.

Sçaches que fi tu veux entrer par le pertuis de Bretagne, que l'entrée gift eft fueft & oeft noroeft, approche toy plus au Certan comme fi tu eftois à l'Ifle de Ratos, & eflargis toy de l'Oftral de fainct Martin, & leue la fonde deftibour, & iras pofer à trauers de fainct Martin, puis iras droit au cap du port neuf : car tout eft fain deuers le Certan.

Sçaches que fi tu veux entrer au plomb il faut prendre pleine mer d'eau viue, fi tu as grand nauire : car de baffe mer toute l'entrée demeure à fec, & dedans y a vn pos, & y a de baffe mer trois braffes & demie.

Sçaches que fi tu veux aller à l'Ifle d'Arcas du bocage en dehors, iras tout droit à l'Ifle ; laiffe l'Ifle d'Ababour, & poferas à 4. braffes de baffe mer.

Sçaches que fi tu veux entrer dans Ollonne, qu'il eft 5. lieues deuers le noroeft du pertuis de Bretaigne, & y a entre Ollonne & le pertuis vn grand bofcage qui dure iufques au pertuis, qui fe nomme Monte de Yarte, & fi voulois entrer en Ollonne iras au haure, ou poferas à 10. braffes, & prendras la mer.

Sçaches que fi tu veux entrer dans fainct Gil, iras droit au haure, il y a vn clocher, & poferas à 6. braffes, & prendras la mer.

Sçaches que fi tu veux pofer dans Vges, poferas au grand, deuers le furoeft à 6. braffes, & fi tu voulois pofer dans Vges de vent de nordeft, poferas à trauers du

Chasteau qui est deuers le suroest à 16. ou 18. brasses.

Sçaches que si tu veux poser dans Berisle au cap de la Marie pose à 10. ou 12. brasses: le lieu est bon de suroest de la au noroest.

Sçaches que si tu veux poser en Berisle deuers le cap de noroest pose à 6. ou 7. brasses, le lieu est bon de vet de val, & si voulois poser par tout le tour de Berisle, pourras poser en portant le plom selon le temps.

Sçaches que si tu veux aller en Buscar de Murbian, quand seras à trauers de l'Isle de Bas, deuers le noroest sur vne terre qui se nomme S. Iacme darnis, ne t'approches trop à terre, & porte toussiours ouuert le clocher de la pointe à trauers de S. Guidast, y à vne bache; pour te garder d'elle porte vn pin petit que verras à la riuiere de dehors l'Isle qui est a l'entrée de Murbian, & tenant ledit pin par la trancque de l'Isle iras sur vne bache, mais porteras ledit pin par l'vne part ou par l'autre . & tien toy à la terre de l'est, & seras aduisé au tout.

Si tu veux entrer dans Benaudet par l'entrée de l'est & le cap de l'ouest de Glaran tenant en vn côme vne Eglise qui est deuers Glarã iusques que tu sois à trauers d la sabliere de ponlabe, d'escouure l'Isle de Glarã par l'Isle du Montonet, longueur d'vne gallere deuers le nord, & si d'auanture ne pourrois voir glaran ny l'autre Isle, porte le boscaige comme la sabliere de ponlabe tout en vn gist le carre yo nodest & suroest quart de nord & su ; tu iras au long de la terre dababour iusques à tant que tu trouues les trois pilles de pierres en vn , & pose deuers l'ouest l'ancre au sec, & l'autre deuers l'est à vne Eglise.

Sçaches que si tu veux entrer par le chenal deuers l'ouest, & si tu as cognoissance de la terre iras sus des boscaiges qui sont deuers Benaudet, & boute les au nordest prens de nord , & gist nord nordest & su suroest.

Sçaches que si tu veux entrer dedans à Pees mare, tu auras cognoissance des grandes rocques, & y a 2. en-

trées l'vne deuers l'eſt, & l'autre deuers le ſu, & là deuers le ſu eſt 'e maior: car l'entrée eſt de ſu, & s'il te
faut entrer par force en Pees mare, tu iras droict aux
rocques plus grandes: car la trouueras l'entrée, & laiſſeras les rocques plus grandes deuers Ababour, tu iras
droict à vn ſable, poſe à 7. ou 8. braſſes.

Sçaches que ſi tu veux entrer au raz d'Antona deras
vn petit arim aux Farrillons du cap, ſaches que la marée
ıette à l'Eſteuen, & quand tu ſeras à l'Eſteuen, cours au
nord quart de nordeſt iuſques à ce que tu paſſe a Culle-
ra, & ſi tu entres par Antona, & veux aller à gradon par
dedaus le Torlingat entreras à vne lieuë du cap de nord
quart de noroeſt par vne bache qui giſt au nord, & d'eſ-
puis iras droict au Torlingat au nord nordeſt, & les laiſſeras d'Ababour, & iras par le milieu au long de la terre
de gradon, & poſeras à 5. ou 6. braſſes; tu ſortiras le
cap à l'oeſt, & S. Mayo au noroeſt.

Sçaches que ſi tu veux poſer au vieux gardon, que le
cap eſt haud a trauers du cap de l'entrée à 2. aiuſtes, giſt
vne bache, tu as de coutre fort à terre, ou aller bien au
large, & poſeras deuant à 5. ou 6. braſſes.

Sçaches que ſi tu veux entrer dans la Baye de Breſt,
giſt l'entrée à l'eſt, & au milieu de la chenal giſent des
rocques qui ſe nomment filhetes, demy marce de la au
milieu giſentes elles ſont couuertes, & de baſſe mer paroiſſent; laiſſe les iuſques à ce que tu 'ıs ayes au cour te-
ló que tu auras le vent: elles ſont a demy chenal en d'eſ-
couuráut les Iſles qui ſont à la baye de ſa bande de ſu, &
poſeras la ou te plaira: car le lieu eſt net & ſain.

Sçaches que ſi tu veux entrer dedaus Breſt, iras droit
au Chaſteau, & le laiſſeras deuers Stibour, & entreras
par le milieu de la chenal, & poſeras entre le Chaſteau
& le ſable qui eſt de l'autre báde, tu poſeras à 7. ou 8. b.

Sçaches que ſi tu veux poſer à Bertume auec temps
de noroeſt, ou nord, ou nordeſt, poſeras à trauers d'vne

fabliere à 4. braſſes, & l'oeſt te viendra par la pointe de
l'Iſle, & la y a vne fabliere, & y a vne fontaine de eau
douce.

Sçaches que à la mer de l'Iſle de Bertume, à vn trait
d'Artillerie y a vne bache, & ſus elle y a 2. braſſes &
demie:

Sçaches que ſi tu veux poſer à S. Mayo de vent de
nord ou nordeſt, poſeras à 15. ou 16. braſſes. Et ſi tu
veux aller de S. Mayo à Bertume tiédras ouuert le bermi-
gel, & la pointe de S. Mayo, à cauſe de la bache, qui ſe
nomme la galynaterre.

Sçaches que ſi tu veux poſer en S. Cicque, qui eſt deuers le nord de S. Mayo. entre S. Mayo & Concquer,
poſeras de vent de nordeſt, à 7. ou 8. braſſes, & ſi tu
veulois poſer à Concquer à 6. braſſes feras en mauuais
lieu: car y a grand courent. & ſi tu veux entrer au cay
de Concquer, auec vn nauire grand de 2. braſſes, prendras pleine mer, & quand feras au cay demeureras en
ſec ez fables durs.

Sçaches que ſi tu veux poſer dans Beaulfanim, poſeras à 7. braſſes, le lieu eſt bon de vent de val, & ſi tu vas
à S. Mayo au Hour par dedans la Vnaterre iras pres de
la pointe de Beaulfanim & deras vn petit a rim à la
pointe; ſçaches qu'il y a vn petit fable qui eſt deuers
le nord de Concquer, & la vnaterre giſt eſt oeſt; la vnaterre eſt vne rocque qui paroiſt de baſſe mer, y a paſſage
tant de l'vne part que de l'autre.

Sçaches que ſi tu vas de S. Mayo au Hour, & ſi tu as
marque cour au nord quart de nordeſt, & mettras à l'E-
gliſe de S. Mayo dehors la poincte de Côcquer en plus
d'vne voile, & ainſi iras au Hour.

Sçaches qu'vn nauire qui part de Biaulfanim pour
aller au Hour bouttera à l'Egliſe de S. Mayo à la Sillé
de Concquer, & ira en vne bache qui eſt a trauers de
l'Iſle de Ogar.

Scaches

Sçaches que fi tu veux entrer en Barbarac deuers
l'oeft il te faut cognoiftre la terre de Porfaut, & depuis
iras a des rocques qui gifent eft oeft de l'entrée, ces rocques femblent organes, & quand tu feras à trauers d'elles iras à l'eft, allant à l'eft verras des rocques deuers le
nordeft, & font les marques fuiuantes, à fçauoir, vne
Eglife qui eft deffus vne montagne petite qui femble vn
hour, qui paroift baffe pres de la mer, tu bouteras à ladite Eglife ainfi, & defcouure l'entrée : car cecy n'a be-
foin à caufe d'vne bache qui gift deuers Ababour du
bocament de l'entrée, & quand feras à trauers de cefte
bache regarde deuers Stibour, defcouure vne montagne
de fable de la premiere grande rocque de l'entrée de la
terre, depuis iras la ou te plaira, car tout eft fain.

Sçaches que fi veux entrer par le chenal de nord
de Barbarac, il te faut cognoiftre la requefte dudit Barbarac & le bocament, & aller à vne montagne, & de
cefte montagne à la requefte de Barbarac, & quand feras au bocament regarderas deuers le furoeft, & verras
vn moulin à vent deffus la terre, iras de tout temps au
moulin tout droit de la en là, & defcouure toute l'entrée, puis quand feras au mitant de l'entrée iras dela en
dehors la ou te plaira.

Sçaches que fi tu veux entrer dans l'Isle de Bas, auras
par cognoiffance le clocher de fainct Paul de Leon qui
paroift de la mer en dehors, comme deux mats de nauire.

Sçaches que allant du Hour à Barbarac de nuict ou
farrazon auec vent, ne t'approche pas à la terre à moins
de 40. braffes, car au pied des rocques, y a 35. braffes.

Sçaches que fi tu veux entrer en fainct Guidaft, verras vne Eglife blanche deffus vn Pedrigal, & bouteras à
l'Eglife par le milieu du haure, entre dedans, & deras
arim à la pointe de furoeft, d'autant que gifent des baches conuertes dehors la pointe, & poferas dedans la ou

D

il te femblera, & le haure gift nord noroeft & fu fure-
eft, & garde de Barbarac à gualbay, 35. braffes.

Sçaches que de guaibay à l'ifle de Bas, approche
toy iufques a 25. braffes par les planieres qui font iufques au deuant.

Sçaches que fi tu veux entrer en Brehac à l'ancraifon,
à la pointe deuers l'oeft, poferas à 8. braffes : & au fôds
eft nette, & fi tu veux aller a la ville qui eft deuers le fu
de Brehac, qui a nom Ponpul, eft vne ville pres, & fi tu
voulois aller cercher S. Michël en partant de l'ancraifon de Brehac allant à la routte de l'eft fueft trouueras
cap de Late, y a 18. lieuës.

Sçaches que fi par aduenture tu viens par dehors de
Lorrene, eft au milieu du chemin la rocquetobas allant
à l'eft fueft, iras au milieu de la comporte de S. Mallo,
& fi tu ne pouuois entrer dedans iras fus le Chafteau de
Late & poferas a trauers de luy, à 8. braffes.

Sçaches que fi par aduenture ne voulois pofer, & fi
tu vas par la comporte, fçaches que vn homme qui eft
aduifé d'entrer vn nauire par cefte marque fçaches que
la comporte eft deuers Ababour, & y a vne Eglife petite, & la laifferas deuers Ababour,& prendras cefte marque. Sçaches que vne ville qui fe nomme Cité vieille
la voyras deuers le fueft de S. Mallo, & quand tu feras à
ladite comporte prendras la muraille de la ville de S.
Mallo, & de la Cité vieille deuers l'eft, & iras fur la
ville de S. Mallo, & le bouteras de longueur d'vne ef-
quiffe dedans, de cefte marque, & poferas deuers S.
Mallo & gift vn Ifle petite qui fe nomme S. Marie de
Boya, tu te garderas d'aller deffus elle, car au ras d'elle
y a vne bache, & iras par cefte marque de la muraille de
la Cité vieille de S. Malo, iras pofer à trauers de S. Malo, & fi y a pleine mer y a 13. braffes, & de baffe mer, y
a 4. braffes, & fi tu ne voulois pofer iras à la Cité vieille & la laifferas d'Ababour, tu verras vn Chafteau de

dãs,& iras poser a trauers d'elle l'vne ancre en terre vers
la Cité vieille,& l'autre vers le sud en sec,cecy est sable.

Sçaches que si par aduenture tu sors par la comporte dehors, & si tu ez à cercher Brehac, ne vá pas a l est
noroest : si tu ne veus aller dedäns Brehac ; s'il y a mauuaise marée, & montant iras à l'oest noroest, & si est in-
sante, iras au noroest quart de l'est , & iras bien en ceste
voye iusques à la moytié du chemin , & despuis iras à
l'oest noroest par la moytié du chemin , cecy est en
l'Orreine d'Arocquetobas,& de S. Mallo.

Sçaches que de Brehac à l'Andriger, y à 4. licuës,& y
a 2. chenals: & se nomment l'vn Almades , & l'autre
Torata ; & ne pourras entrer sinon que soit belle mer,
& à S. Guidast, y a vne lieue, & si tu vas dessus le haure
S. Guidast, trouueras vn arbre qui est deuers le nord : il
se nôme port blanc, & semble à l'entrée de S. Guidast,
& de cét arbre à sainct Guidast y a vne lieue, & ces deux
arbres se semblent fort:car force nauires entrent au port
blanc en pensant qu'ils entrent à S. Guidast, & S. Guidast a des maisons proches de la mer, & a vne Eglise deuers le suroest de la ville, tu prendras le clocher de l'E-
glise, & le bouteras deuers la porte qui est deuers l'est,
tu verras l'arbre descouuert, & poseras la ou te plaira;le
plus mauuais vent est noroest, cecy est dedans S. Guidast, allant chercher les 7. Isles, l'entrée de S. Guidast
gist nord nordest & sud suroest.

Sçaches que si tu veux poser dans Garnesuye , entreras par le cap de sud suroest, alarge toy de la pointe ou
gist vne hache à 2. aiustes de la terre; ladite hache pa-
oist de basse mer, tu poseras à la premiere sabliere, & si
tu veux aller deuant la ville, prends la mer.

Si tu veux poser en Chiriboure de vét d'aual,poseras
n petit deuers l'oest de la ville à 6. b. auras abrigo de
nordest iusques au noroest suroest, & si voulois entrer
ledãs Chiriboure prédras pleine mer,& l isseras la ville
nessibour,& entreras par le milieu:car tout dła lec.

Sçaches que fi tu veux pofer à la Oga, bouteras la
pointe au nord noroeft, & poferas à 6. braffes.

Sçaches que fi tu voulois pofer à Chaorc, poferas a
trauers des maifons des pefcheurs à 6. braffes.

Sçaches que fi tu veux entrer en Villaruille, prendras
marée : car de baffe mer, ny a qu'vne braffe & demie,
& à l'entrée prendras pour marque vn cap blanc qui eft
taillé comme fçais qui eft deffus de viue flor à l'eft nordeft, & porteras ouuert ce cap auec le cap de S. Marie
de viue flor longueur d'vn efquif : ainfi entreras par le
milieu de la chenal, & poferas a traueras du plus haut
du rotier à 6. braffes, & fi tu voulois aller à viue flor,
prendras la mer & bonne marée fi as grand nauire.

Sçaches que fi tu veux pofer à la Orcade de Diepe, poferas à 8. braffes en paroiffant la iuftice, & le noroeft
te viendra par la pointe.

Sçaches que fi tu veux pofer au cap Darnes, poferas
a trauers du village, a 1 5. braffes.

Sçaches que fi tu veux pofer à la Orcade de Calles,
poferas à 6. braffes deuant la Cité, & fi tu voulois pofer dedans Calles prendras pleine mer, & laifferas la
tour de l'entrée deuers Stibour, & iras au long de la pa-
liçade, & amarreras en la foffe, deras en fec.

Sçaches que fi tu veux entrer ou pofer en Median-
burc, prendras la fonde a trauers de Oftende, & iras par
les 5. ou 6. braffes, & iras ainfi iufques à ce que tu boutes le clochier de Ys auec le clochier d'Vringes, & prédras pour marque le clocher de Caffolle d'vn cable deuers le nord d'vn poys de fable qui font à l'Ifle de Chacolle à la riuiere, & par cefte marque fufdite iufques à
ce que foient l'vne pour l'autre, le clochier de S. Cate-
rine, & le clochier Defcapol, defpuis iras au nordeft
iufques à ce que tu paffes le blanc de la pointe de Gaf-
farolle, & iufques la, ru bouteras la pointe de Chacolle auec fainéte Marie de Retanbourc, defpuis iras à l'eft

nordeſt & prendras d'auantaige de nordeſt iuſques à
tant que tu paſſes le banc de Chacolle.

Sçaches que quand auras le clochier de Chacolle au
ſu ſuroeſt, ſeras à trauers du banc de Chacolle.

Sçaches que auſſi bien pouras entrer auec ces marques ſuiuantes; quand tu ſeras au careyo bouteras le
clocher de S. Catherine, & le deſcrapol tout en vn, courreras au nordeſt iuſques à ce que tu boutes la pointe de
Chacolle auec ſaincte Marie de Retanbourc, deſpuis
cour au nordeſt quart de l'eſt iuſques à ce que tu deſcouure le clochier de Pichilinges d'vn cable à l'entrée
és barres en portant le clochier de Pichilinges deſcouuert d'vne cable comme dit eſt, & allors n'ayes peur du
banc de Chacolle ny de aucun autre, porteras touſiours la ſóde Deſtibour, & t'aprocheras à terre iuſques
à 5. ou 6. braſſes car la moindre eauë, eſt la de ce carreyo, & quand auras à ſaincte Marie de Retambourc,
auec la maiſon de la Cauallerie du Chaſteau de l'eſcluſe l'vn pour l'autre, auras de tout baſſe mer 4. braſſes &
demie à la chenal, y a grande vaze.

Sçaches que ſi tu veux entrer en Zelande & Agnoſſes
trauerſe de noroeſt, & pour entrer deueres le vent de la
chenal, prendras les marques ſuiuantes, ſçaches que le
clochier de la Dune iuſques entre Oſtende & Blancaberge, & le clochier de Dunagaſte, & les clochiers d'vr-
niges giſent noroeſt & ſueſt, à ce clochier auras bonne
marque pour entrer au careyo ſuſdit, & iras en ſondant
au long de la coſte de la à 5. braſſes, prends le clochier
de Dunagaſte par terre à cauſe des pilles de pierre qui
ſont à la riuiere ioignant le clochier, tu leueras le clochier deuers la terre des Poys de ſable de la largeur
d'vne voille de nauire, ce cy te gardera du banc d'Aré-
quer, cecy va à la coſte d'Oſtende de la à la pointe do S.
Catherine.

Sçaches que ſi t'eſt force d'entrer à L'eſcluſe pour ny

pouuoir plus rien faire, iras au long de la cofte comme
fi tu eftois à Zelande iufques là , & bouteras les trois
voyes auec faincte Catherine, & depuis iras droit à elles
en cefte vóye & iras au fueft , car ainfi gift le careyo des
premieres trois voys, & depuis iras au long de la terre
comme te femblera.

Sçaches que fi par aucun temps il te falloit courre la
cofte d'Ollande crefpant à Zelande , ou par fortune de
temps. En l'Ifle de Zelande fur toutes chofes y a vn grád
clocher & deux petits l'vn pres de l'autre , & auras pour
cognoiffance d'Efcrapol, des grandes fablieres qui font
montres de fable à vn grand clocher long & eftroit deuers le nordeft, & vn autre plus petit & long, par
ces marques cognoiftras que tu as outrepafsé la cofte de
Flandres, & cefte terre te demeurera à l'eft fueft, tu fonderas & trouueras 18. ou 20. braffes; ne t'approches à
moins de 12. braffes, & n'entre point tant à la cofte iufc-
ques à ce que fortent les caps eft oeft iufques là, & ayes
l'entrée defcouuerte, tu pourras aller au long de la terre Deftibour en fondant par les 5. ou 6. braffes iufques
à ce qu'apperçoiues les voyes; Sçaches qu'en cefte entrée y a voyes comme à l'Eclufe, & y a de baffe mer aux
voyes 3. braffes, tu iras ainfi, & feras aduifé au tout.

Sçaches que fi par aduanture tu és à la cofte de Flandres en paffant le banc du Monge & Nieuport, & que tu
ne peuffes reparer à la Sigle, cours au nord quart de nordeft, & iras à vn lieu cui fe nomme le cap de vntre. Sçaches que par ce chemin allant et cefte route tu trouueras vn banc qui fe nomme Fleffaide , il a 4. l. lieues de
longueur & 12. de largeur, & en ceftuy-cy il n'y a moins
de 18. braffes, & fçaches que quand tu auras couru 45.
lieues au nord quart de nordeft, courreras au nord nordeft & iras au cap de Guefero, il y a de Oftende au cap
de Guefero 22. lieues ; tu verras deffus ce cap deux
grandes montagnes & le cap gift bas, l'vne cofte nor-

oeſt & ſueſt, l'aurre nordeſt & ſuroeſt ; la coſte qui va
noroeſt & ſueſt, va par Noga;& celle qui va nordeſt ſuro-
oeſt, va par Aprica; quand tu ſeras pres du cap deuers le
ſueſt y a tant de ports que c'eſt merueille;tu dois ſçauoir
que partant de Nieuport ou des Monges courant au
nord. trouueras vne terre qui tient deſſus le haure qui ſe
nomme Eſſoua, y a de trauerſe 32. lieues, & eſt vne
terre de ſable.

S'enſuiuent les lieues de la coſte de Flandres iuſques à Pichilinges.

SCaches que du cap de S. Marguerite au banc du Mõge, il y a	14 l.
Du banc du Monge à Blancaberge,	9. l.
De Blancaberges à Pichilinges,	7. l.
De Calais à Guauerlinges,	3 l.
De Guauerlinges à d'Vnquerque,	4. l.
D'Vnquerque au Monge,	4 l.
Du Monge à Nieuport,	2. l.
De Nieuport à Oſtende,	2. l.
De Oſtende à Blancaberge,	4 .l.

S'enſuinent les marées de la coſte de Flandres.

TV ſçauras que de l'Eſtrecho iuſques à D'vnagaſte, la
Lune au ſud ſuroeſt, pleine mer de Alture & de corrente au ſuroeſt quart de l'oeſt.

Item en d'Vnagaſte, la Lune au ſud ſuroeſt, pleine
mer, & de corrente au ſuroeſt.

Item à trauers de Oſtende, la Lune au ſud ſuroeſt,
pleine mer, & de corrente au ſuroeſt.

Item en l'Eſcluſe, la Lune au ſud quart de ſuroeſt,
pleine mer de Alture & de corrente quart de ſud, pleine
mer.

Item en Pichilinges, la Lune au fud quart de furoeſt, pleine mer de Alture & de Corente au fu oeſt.

Item en Remenſin & en Reua, la Lune au furoeſt quart de fud, pleine mer de Alture & de corrente comme eaux viues à l'oeſt furoeſt.

S'enſuiuent les cours de Pichilinges iuſqnes à l'Eſtrecho.

TV ſçauras que dans l'Eſtrecho vient la iuſante de nordeſt quart de nord.

Item de Guauerlinges à l'Eſtrecho , vient la iuſante de nordeſt, prends de nord.

Item de d'Vnquerque à Guauerlinges, vient la iuſante de nordeſt.

Item du Monge à d'Vnquerqué, vient la iuſante de nordeſt quart de l'eſt.

Item ſur le banc de Monge , vient la iuſante de nordeſt quart de l'eſt.

Item de Oſtende iuſque au Monge , vient la iuſante de l'eſt nordeſt.

Item d'Vnagaſte iuſques à Oſtende, vient la iuſante de l'eſt nordeſt.

Item du Monge iuſques que ſeras entre Nieuport & Oſtende, vient la iuſante de nordeſt quart de nord.

Item de Blancaberge iuſques à Dunagaſte, vient la iuſante de l'eſt nordeſt.

Item de la pointe de ſaincte Catherine iuſques à Blácaberge, vient la iuſante de l'eſt.

Item tu dois ſçauoir que de Pichilinges à Blancaberge, vient la iuſante de pleine mer iuſques au milieu de la iuſante de l'eſt ſueſt & de moitié iuſante iuſques à baſ ſe mer au long de la coſte des bancs, & en ce paraige la marée te amarera, & la iuſante te iettera dehors.

Item en Larencquer & Eſcrapol, vient la prime magée de noroeſt quart de nord & nord noroeſt.

S'enſuiuent les routes de la coſte d'Angleterre, & de
Surlinge iuſque à Tened.

TV ſçauras que Sain & Surlinge giſent nord noroeſt
& ſud ſueſt: y a 42. l.

Giſent Ochent & Surlinge noroeſt & ſueſt quart de
nord & ſud: y a 34. l.

Giſent Surlinge & le cap de Longaneos eſt nordeſt
& oeſt ſuroeſt: y a 7. l.

Giſent Surlinge & Peyre Lucya, eſt oeſt, y a 7. lieues.

Giſent Peyre Lucia & Longaneos, nord nordeſt &
ſud ſuroeſt: y a 2. l.

Giſent Longaneos & le cap d'Aliſart, eſt ſueſt & oeſt
noroeſt: y a 8. l.

Giſent Muſaolle & Aliſart, noroeſt & ſueſt quart de
l'eſt oeſt: y a 5. l. & ſi vas de Longaneos par Muſaolle,
garde toy de la rocque Rynart, qui eſt pres du cap de
Longaneos, & ſe couure deuers la mer.

Giſent Surlinge & Aliſart, eſt oeſt: y a 14. l. en ceſte
voye iras dehors à vne lieue.

Giſent le cap d'Aliſart & Falamne, nord & ſud, y a
2. lieues.

Giſent Aliſart & Gudinan, nordeſt & ſuroeſt quart
de nord & ſud: y a 7. l.

Giſent Fallamne & le cap de Gudinan, nordeſt &
ſuroeſt quart de l'eſt oeſt: y a 4. l.

Giſent Gudinan & Fabic, nordeſt ſuroeſt quart de
l'eſt oeſt: y a 4. l.

Giſent Gudiná & le cap de Rame, eſt nordeſt & oeſt,
ſuroeſt: y a 8. l.

Giſent Gudinan & la Benedite, eſt oeſt, prenant de
noroeſt ſuroeſt: y a 10. l.

Gisent Fabic & le cap de Raine, est oest quart de noroest & suest: y a 4. l.

Gisent Alisart & la Benedicte & le cap de Butre, est nordest & oest suroest: y a 21. l.

Gisent le cap de Raine & la Benedicte, nord & sud, prenant de nordest & suroest: y a 2. l.

Gisent la Benedicte & l'entrée de pleinna nord nordest & sud suroest: y a 2. l.

Gisent la Benedicte & le cap de Butre, est oest quart de nordest & suroest: y a 6. l.

Gisent le cap de Butre & Guodester, est oest quart de nordest & suroest: y a 4. l.

Gisent Guodester & Torres, nord nordest & sud suroest: y a 4. l.

Gisent Gaudester & Porlaus, est nordest & oest suroest: y a 19. l.

Gisent Gaudester & le cap de Toro, est oest quart de nordest suroest: y a 30. l.

Gisent Porlaus & le cap de la Polle, est nordest & oest suroest: y a 8. l.

Gisent Porlaus & les Agules de l'Isle d'Vye, est nordest & oest suroest, y a 12. l.

Gisent Porlaus & le cap de Toro, est oest, y a 15. l.

Gisent le cap de Polle & les Agulles de l'Isle d'Vye, est suest & oest noroest: y a 5. l.

Gisent le cap de Toro & la Cité, est nordest & oest suroest: y a 7. l

Gisent le cap de Blanc & la Cité, est oest, prenant de nordest & suroest: y a 5. l.

Gisent le cap de S. Ellene & la Cité, est oest, prenant de noroest & suest: y a 5. l.

Gisent le cap de Toro & Beochep, est oest quart de nordest & suroest: y a 18. l.

Gisent Beochep & Herlage, nordest suroest, quart de l'est oest; y a 6. l.

Gifent Beochep & la pointe de Romaneos, eft nordeft & oeft furoeft: y a 12.l.

Gifent Romaneos & le cap de fainéte Marguerite,
nordeft & furoeft, prends de nord & fud: y a 7.l.

Gifent Romaneos au milieu de l'Eftrecho, nordeft &
furoeft quart de l'eft oeft: y a 10.l.

Gifent Beochep & le cap de Saucater, eft nordeft &
oeft furoeft: y a 20.l.

Gifent Dobre & Calais, eft fueft & oeft noroeft: y a
7.l.

Gifent le cap de fainéte Marguerite & la pointe de
Gudine eft nordeft & oeft furoeft: y a 1.l.

Gifent le cap de fainéte Marguerite & Tened, nord
& fud quart de nordeft: y a 3.l.

Item tu dois fçauoir que fi tu pars de la Dune ou du
cap de fainéte Marguerite pour aller à Tened, gift le careyo nord nordeft & fud furoeft; garde toy d'vn banc de
fainét Duchs, ne t'approches deuers fainét Duchs à
moins de 5. ou 6. braffes, & d'Alegudine à moins de 9.
braffes, & te regleras auec la fonde.

Item tu dois fçauoir que venant de Romaneos, vou-
lant aller en Flandres il y a vne bache entre Dobre &
Romaneos bien 4.l. à la mer & gift auec Romaneos
nordeft quart de l'eft.

S'enfuiuent les marées de la cofte d'Angleterre.

Sçaches que autour d'Ochent, conte la pleine mer, la
Lune à l'eft & au chemin de nordeft & furoeft iufques
à Gaudefter, conte la Lune au fueft.

Item en Surlinge la Lune au nordeft quart de l'eft,
pleine mer.

Item en Longineos, la Lune à l'eft nordeft, pleine
mer.

Item en Mufaolle, la Lune à l'eft nordeft, pleine mer.

Item dedans Fallamne, la Lune à l'est nor dest, pleine mer, & dehors à l'est quart de suest.

Item en Fabic, la Lune à l'est quart de nordest, pleine mer dedans les caps d'Alifart, à Gaudester, la Lune à l'est suest pleine mer, & dehors les caps, la Lune au suest quart de l'est, pleine mer.

Item en Plenma, la Lune à l'est quart de nordest, pleine mer, & dehors à l'est suest.

Item dedans Artamne, la Lune à l'est, pleine mer, & dehors à l'est suest.

Item dedans Torres, la Lune à l'est, pleine mer.

Item à trauers de Porlaus, à 3. ou 4. l. à la mer, la Lune au suest quart de sud, pleine mer.

Item au paus de Porlaus, la Lune à l'est suest, pleine mer, & dehors au suest.

Item à les Agulles, la Lune au suest quart de sud, pleine mer.

Item à trauers du cap de Toro, la Lune au sud suest, pleine mer, & pour poser Destancque prends de sud.

Item en Antona & en Porsume, & en Calcoras, la Lune au sud quart de suest, pleine mer.

Item en Sorran, la Lune au sud quart de suest, pleine mer.

Item au dos de Beochep, la Lune au sud, pleine mer, & par dehors prends vn quart de suroest.

Item à trauers de Herlage, la Lune au suroest, pleine mer.

Item dans la chambre, la Lune au suest, pleine mer.

Item en Romaneos à 24. brasses, la Lune au suroest, pleine mer.

Item dans la d'Vne, la Lune au sud suroest, pleine mer.

Item en sainst Duehs, la Lune au sud suest, pleine mer.

Item aux clochers & Margtta, la Lune au suest, plei-e mer.

Item en Doure, la Lune au ſud, pleine mer de Alture & Deſtancque au ſuroeſt.

TV ſçauras que d'Aliſart à Longaneos, vient la iuſante de l'eſt ſueſt.

Item de Gudinan à Aliſart vient la iuſante de l'eſt
nordeſt.

Item de Porlaus à Gaudeſter, vient la iuſante de l'eſt
nordeſt.

Item de Gaudeſter au cap de Rame, vient la iuſante
de l'eſt.

Item de Porlaus à Lim, vient la iuſante de ſueſt, & la
marée va au ſueſt du ſac de Porlaus.

Item du cap de Toro iuſques à Porlaus, vient la iuſante de l'eſt quart de nordeſt.

Item pres de la cité à 14. ou 15. braſſes, vient la iuſante de nordeſt quart de l'eſt.

Item de Beochep à l'Isle d'Vye, vient la iuſante de
l'eſt quar de nordeſt.

Item de Romaneos à Beochep, vient la iuſante de
nordeſt quart de l'eſt, prends plus de l'eſt nordeſt.

Item de Dobre à Romaneos, vient la iuſante de nordeſt.

Item de Tened au cap de ſainᶜte Marguerite, vient la
iuſante de nord.

Item en la Tamiſe, vient la iuſante de l'oeſt ſuroeſt.

TV ſçauras que de Surlinge à Longaneos, y a   7.l.
    De Longaneos à Aliſart.   8.l.

D'Alifart à Gudinan.	7. l.
De Gudinan à cap de Rame,	7. l.
De cap de Rame à cap de Butre,	7. l.
De cap de Butre à Gaudester,	3. l.
De Gaudester à Torres.	4. l.
De Torres à Porlaus,	14. l.
De Porlaus à l'Isle d'Vye,	14. l.
Des Agulles à S. Ellene,	7. l.
De S. Ellene à Beochep,	18 l.
De Beochep à Herlage,	6. l.
De Herlage à Romaneos,	7. l.
De Romaneos à Dobre,	7 l.
De Dobre à Calais,	7. l.
Du cap de S. Marguerite au cap de Tened.	3. l.

S'enfuiuent les trauerses de la coste d'Angleterre en chemin de nord & sud à la coste de Normandie & Picardie.

GIst Ochent & Longaneos, nord & sud quart de nor-goest & suest: y a 30. l.

Gisent Ochent & Alifart, nord & sud: y a 20. l.

Gisent Beaultanim & Gudinan, nord & sud: y a 38. lieues.

Gisent Barbarac & la Benedite, nord & sud: y a 17. lieues.

Gisent Porsaut & le cap de Rame, nord & sud: y a 26. lieues.

Gisent l'Isle de Bas & Gaudester, nord & sud: y a 25. lieues.

Gisent les 7. Isles & Torres, nord & sud: y a 16. lieues.

Gisent les Casquets & Porlaus, nord & sud: y a 12. lieues.

Gisent Bairaster & l'Isle d'Vye, nord & sud: y a 15. l

Giſent l'Oga & le cap de Caür & Beochep, nord &
ſud: y a 25. lieues.

Giſent Secan & Herlage, nord & ſud: y a 15. l.

Giſent Cortay & Dobre, nord & ſud quart de nordeſt & ſuroeſt: y a 18. l.

Giſent Dobre & Calais, eſt ſueſt & oeſt noroeſt : y a
7. lieues.

S'enſuiuent les trauerſes d'Angleterre en chemin
de nord & ſud quart de nordeſt &
ſuroeſt.

GIſt Ochent & Gudidan, nord & ſud, quart de nordeſt & ſuroeſt: y a 30. l.

Giſent le Hour & le cap de Rame, nord & ſud quart
de nordeſt & ſuroeſt: y a 28. l.

Giſent Barbarac & le cap de Butre, nord & ſud quart
de nordeſt & ſuroeſt: y a 30. l.

Giſent l'Iſle de Bas & Torres, nord & ſud quart de
nordeſt & ſuroeſt: y a 25. l.

Giſent Guarnaſnie & Porlaus, nord & ſud quart de
nordeſt & ſuroeſt: y a 15. l.

Giſent les Caſquets & le polle, nord & ſud quart de
nordeſt & ſuroeſt: y a 18. l.

Giſent cul de Lague & les Agulles, nord & ſud quart
de nordeſt & ſuroeſt, y a 20. l.

Giſent le cap de Bairaſler & le cap de S. Elaine, nord
& ſud quart de nordeſt & ſuroeſt: y a 28. l.

Giſent Antifer & Beochep, nord & ſud quart de nordeſt & ſuroeſt: y a 15. l.

Giſent le cap de Caür & Herlage, nord & ſud quart
de nordeſt & ſuroeſt: y a 33. l.

S'enfuiuent les trauerfes d'Angleterre en chemin de nord
nordeft & fud furoeft quart de nord & fud.

TV fçauras que Gifent Ochent & Porlen, nordeft &
furoeft: y a 53. l.

Gifent Ochent & Lebenedite, nord nordeft & fud
furoeft: y a 30. l.

Gifent Ochent & Gaudefter, nordeft & furoeft quart
de nord & fud: y a 38. l.

Gifent Lorrene & l'Isle d'Vye, nordeft & furoeft: y
a 55. l.

Gifent Barbarac & Torres, nord nordeft & fud fur-
roeft: y a 30. l.

Gifent le Hour & le cap de Butre, nord nordeft &
fud furoeft: y a 30. l.

Gifent les 7. Isles & Porlaus, nord nordeft & fud furoeft: y a 24. l.

Gifent cul de Lague & l'Ifle d'Vye, nord nordeft &
fud furoeft: y a 22. l.

Gifent le cap de Bairafler & la Cité nord nordeft &
fud furoeft: y a 20. l.

Gifent le cap de Cafir & la chambre, nord & fud
quart de nordeft & furoeft: y a 23. l.

Gifent Barbarac & Porlaus, nordeft & furoeft quart
de nord & fud: y a 45. l.

Gifent l'Isle de Bas & la Polle, nordeft & furoeft
quart de nord & fud: y a 36. l.

Gifent les Chafteaux & les Agulles, nordeft & furoeft quart de nord & fud: y a 18. l.

Gifent Chiribourc, & la Cité, nordeft & furoeft
quart de nord & fud: y a 23. l.

Gifent la Oga & Beochep, nordeft & furoeft quart
de nord & fud: y a 28. l.

Gifent le cap d'Antifer & le cap de Saucater, nordeft
&

& ſuroeſt quart de nord & ſud: y a 30. lieues.

Giſent le cap de Bairaſler & Beochep, nordeſt & ſuroeſt: y a 30. l.

Giſent Longaners & l'Iſle de bas , noroeſt & ſueſt
prends de nord & ſud, y a 35. l.

Giſent Aliſart & les Dragons, noroeſt & ſueſt : y a
28. l.

Giſent le cap de Rame & la Roquetobas, noroeſt &
ſueſt quart de nord & ſud: y a 35. l.

Giſent Gaudeſter & Garneſnye, noroeſt & ſueſt: y a
16. l.

Giſent les Caſquetr & Torres, noroeſt & ſueſt : y a
18. l.

Giſent Porlans & Bairaſler , noroeſt & ſueſt : y a 24.
lieues.

Giſent l'Iſle d'Vye & le cap de Caür, noroeſt & ſueſt:
y a 27. l.

Giſent la Cité & S. Balerin, noroeſt & ſueſt, prends
de l'eſt oeſt: y a 16. l.

S'enſuiuent les entrées de la coſte d'Angleterre.

Sçaches que ſi tu voulois entrer dans Surlinge par l'entrée mayor, la carreyo giſt noroeſt & ſueſt quart de
l'eſt oeſt dans l'Iſle maior, verras le Chaſteau au long &
deſcouuriras l'entrée, laiſſe le Chaſteau deuers Stibour,
& iras par dedans donnant Amor deuers Stibour & garde toy d'vne bache qui giſt au milieu , & s'il y a grand
mer la verras rompre, & iras par dedans donnant Amor
à la terre Deſtibour, & à la pointe du Baluart, puis poſe
deuant la ſabliere, à 7. ou 8. braſſes.

Sçaches que ſi tu veux poſer en Montesbay, poſeras à
trauers du Chaſteau, à 10. ou 12. braſſes.

Sçaches que ſi tu veux poſer en Fallanme, l'entrée de
Fallanme & Aliſart giſt nord & ſud: y a 4. l. tu entreras

par quelle part que tu voudras, mais deuers l'est Il est
plus large, & poseras la ou te plaira.

Sçaches que entre Alisart & Fallanme, y a vn port
de marée, qui se nomme Albert, quand seras à l'entrée
iras pres de la pointe Destibour, auec la sonde à la main
iusques à ce que tu sois tant auant comme vn colombier
qui paroist deuers Ababour, pose la, il y à de basse mer
4 brasses & gist vne bache deuers l'entrée Destibour.

Sçaches que si tu voulois entrer en Plenma à l'Isle de
de Treslan, garde toy de la pointe de l'Eglise, aproche
toy deuers le nord, & pose la ou te plaira.

Sçaches que si tu veux entrer en Fabic, à l'entrée y a
2. Tours deuers le nordest, l'vne se nomme S. Saluador,
& deuers le suroest y a vne autre qui se nomme S. Catherine, tu iras par le milieu du haure tout droit à vne
petite Tour qui est à l'oest noroest ioinct auec la Tour
petite iras tout droit par le milieu, & quād auras passé la
Tour, tu t'approcheras en Salamande de nordest à basse mer de l'est quart de nordest, pose la ou te plaira,

Sçaches que si tu voulois entrer dedans Plenma, a-
proche toy pres de la Tour de l'artillerie, iras dedans
par la chenal & poseras la ou te plaira à 6. ou 7. brasses.

Sçaches que si tu veux poser en Gaudester, pose à la
pointe de Rune à 10. brasses auras celle de l'oest suroest

Sçaches que si tu veux poser dans Artanme, porteras
tout descouuert vne fenestre qui est à l'Eglise deuers le
nordest, & gist deuers l'est non pas au premier cap,
mais à l'autre vne bache fort mauuaise, deuers l'oest vne
autre, & vne autre dedans, pose la ou te plaira.

Sçaches que si tu voulois poser en Torres, pose à 6.
brasses, auras celle de suroest, & si poses à 5. brasses,
auras celle de suest.

Sçaches que si tu veux poser en Porlans, pose à 6.
brasses, la pointe te viendra au sud pleine mer de l'est
suest, tu te garderas du farrillon du cap.

Sçaches que si tu veux poser ou entrer par les Agulles dissaduye tu t'aprocheras de la longueur d'vn cable
deuers Ababour, car il y a vn banc qui est tout sec, & la
marée iette aux Agulles, & la iusante iette au banc, &
quand seras dedans, garde toy parce qu'il y a vne bache
ioinct au second cap des Agulles, & porteras pour marque la pointe de Larmie ouuerte auec le cap de l'Isle: &
quand descouuriras ville cremado, ne t'approches trop
a terre parce que là gist vne bache, & quand auras passé
à ville cremado, iras au long de la terre iusques a tant
que tu passes Auisport, & si tu veux aller à Sanduardo,
verras deuers le nord, vn clocher qui se nomme Quic-
quauille, & la trouueras auec la terre qui est à la riuiere
qui semble vne gallere, va en ceste marque iusques au
clocher de S. Michel, & de la en la descouuriras le clocher Dantona auec vne Tour haute, il y a vn boscage
près Dantona, quand seras la porteras l'vn auec l'autre
iusques à ce que tu sois à Sanduardo, la poseras ou te
plaira.

Sçaches que si tu voulois entrer dans S. Elaine, garde toy de la poincte car elle est seiche, & iras poser au
deuant à 7. brasses & non moins, sçaches aussi que à l'entrée de S. Ellaine pour aller à Antona gisent le carreyo
nord noroest & sud suest, & quand tu seras en ceste routte, verras par dessus la ville de Porsumo iusques a ce que
tu t'approches à la Tour de Porsume, iras la ou te plaira
& si tu voulois aller en Antona porteras les marques
susdites.

Sçaches que si tu as à partir de S. Ellaine pour aller à
Flandres, iras au suest iusques à 18. brasses, despuis iras
ton chemin.

Sçaches que si tu veux poser en Beochep par l'autre bande à la Benedicte, poseras derriere la pointe à 8.
ou 9. brasses auras celle de l'oest suroest, & si tu voulois

poſer dans Beochep auec vent nordeſt, poſeras à trauers
du village la ou te plaira.

Sçaches que ſi tu veux entrer par l'achenal de Quin-
qualeſens, porteras pour marque le clocher de Rye au
nord nordeſt: iuſques à ce que tu boutes les moulins de
la ville à l'oeſt, & depuis iras dedans & poſeras dedans à
la Croix comme il te plaira.

Sçaches que ſi tu veux entrer dans la Chambre, porteras deſcouuert à Beochep auec Ferlage la longueur
d'vne gallere iuſques à ce que tu ſois à trauers de la terre, depuis iras dedans iuſques la ou te plaira & poſe à
trauers de la Croix.

Sçaches que ſi tu veux poſer en Romaneos, poſe à
trauers des cabanes à 6. ou 7. braſſes.

Sçaches que ſi tu veux aller aux d'Vnes, deras arim à S.
Marguerite, tu prendras la ſonde à la main, & iras dedans à trauers des cabanes, & poſeras la ou il te plaira.

Sçaches que ſi tu veux poſer aux d'Vnes à Tened,
porteras pour marque le clocher de S. Marguerite auec
vne montagne qui eſt bas & paroiſt iuſques à vn traiſt
d'arbaleſte, la bouteras au nord nordeſt, & portant ledit clocher auec la montagne, iras pres de la Gudine,
n'ayes peur, & ſi tu vas par ces marques, iuſques à ce que
tu boutes vne Tour qui eſt à demy lieuë de Tened pres
de la riuiere auec la terre blanche, vas droit au cap & ne
t'approches fort au cap d'autant qu'il ſort dehors, depuis
poſe la ou te plaira.

S'enſuiuent les cognoiſſances de la coſte d'Angleterre.

TV ſçauras que le cap de Longaneos eſt haut, & de la
mer en dehors deuers la riuiere eſt pointu, & de pres
ſe fait comme vne gallere, & deuers Muſaolle y a grandes montagnes, & au plus haut du cap eſt vne Egliſe
iointe auec le cap de ſainct Yiues, & y a vn paus que fait

celle de l'eſt nordeſt, & deuers Muſaolle, y a vne ſabliere, & y a vn paus de 20. braſſes.

Sçaches que le cap de Longaneos & pierre Lucye, giſt
nord nordeſt & ſud ſuroeſt: y a 2. l.

Sçaches que ſi tu as enuie de venir d'Aliſart à Muſaolle, bailleras eſpace à la pointe de S. Nicolas longueur
de demie lieuë parce que les requeſtes de la pointe ſortent à la mer, & depuis approche toy à l'Egliſe de Muſaolle, entreras à 7. braſſes, & ſi tu voulois aller plus
auant, iras aux cabanes des peſcheurs, y a demie lieuë
de Muſaolle, tu auras la pointe de ſuroeſt, & poſeras à
5. braſſes.

Sçaches que au nordeſt de Muſaolle verras vn Châſteau qui ſe nomme ſainct Michel de Monteſtay qui eſt
à trauers d'vne ſabliere, & y a lieu pour ſurgir.

Sçaches qu'entre Liſart & Fallanme, y a vne montagne orcade & eſt de bon cognoiſtre qu'à 3. bois, & le
plus petit eſt deuers l'oeſt, & le plus haut eſt grand & eſt
deuers l'eſt.

Sçaches qu'Aliſart te ſemblera de la mer en dehors
baſſe à la riuiere au nord, toute la terre de Certan blanche de la mer à l'Orcille, y a des eſtancqs, & y a vne ſabliere au milieu des caps.

Sçaches qu'entre Gaudeſter & Artamme, y a vne ſabliere qui dure iuſques à Artamme, tu verras pres d'elle
vne abbaye auec vn clocher qui eſt pres d'Artamme, &
verras des rocques, & les laiſſeras deuers Ababour.

Saches que ſi viens de la mer en dehors, & que tu ayes
cognoiſſance de Gaudeſter, ſi tu veux aller à Artamme
iras deſſus la plus haute terre que verras deuant la ou eſt
Artamme.

S'enfuiuent les routes de Sain à Surlinge, & de Surlinge
à Longaneos iusques à Bristol.

SCaches que Sain & Surlinge gisent nord noroest &
suest, y a 42 l.

Gisent Ochent & Surlinge noroest & suest quart de
nord & sud: y a 34. l.

Gisent Surlinge & Louday, nordest & suroest prenant de nord & sud: y a 30. l.

Gisent Surlinge & Pierre Lucie, est oest: y a 7. l.

Gisent Surlinge & Longaneos, est nordest & oest
suroest: y a 7. l.

Gisent Pierre Lucye & Longaneos, nord nordest &
sud suroest: y a 2. l.

Gisent le cap de Longaneos & Louday, nordest &
suroest quart de nord & sud, y a 25. l.

Gisent le cap de Surlinge & les 7. pierres, nord nordest & sud suroest: y a 2. l. & demie.

Gisent les 7. pierres auec le cap de nort de l'hermitage de Surlinge, nordest & suroest, prenant de l'est oest,
y a deux lieues à l'hermitage, & tient vne sabliere deuers
le nordest.

Gisent le cap de Longaneos & les 7. pierres, est oest,
y a 5. l. & aucunes d'elles ne se descouurent de basse
mer, & gisent nord noroest & sud suest.

Gisent Chapisto & Louday, nordest & suroest: y a
10. l.

Item tu dois sçauoir que si tu pars du port de Surlinge sur la nuict ou sarrazon, ne feras moins de la voye de
nord nordest, & pour te garder des 7. pierres, si tu leues
marée prends de l'est allant la voye de nord nordest, seras dessus les 7. pierres.

Gisent Louday & la Combe, est oest quart de nordest & suroest: y a 8. l.

Gisent la Combe & Mineut, est oest, y a 5. l.

Gisent l'alture de Mineut, & les Ormes, nordest & suroest quart de l'est oest, y a 7. l. allant de Mineut la voye de nordest & suroest quart de l'est oest, tu te garderas d'vn banc qui gist à la mesme route, & qui paroist de basse mer d'eaux viues, y a sur le banc deux brasses & bon chemin.

Item tu dois sçauoir que si tu voulois laisser ledit bác deuers Ababour, leue l'Orme petite deuers le nordest quart de nord, & pour laisser ledit banc deuers Stibour, leue l'Orme petite à l'est nordest, il y a de l'Orme petite au banc deux lieues, & ainsi te pourras garder du banc, descouure vers la pointe du suest de l'Orme petite, & si tu l'as serré auec la pointe de l'Orme, seras dessus ledit banc.

Gisent les Ormes & le boscage, nordest & suroest quart de l'est oest, y a 7. l.

Gisent Quincquarade & l'Isle de l'entrée de Chapisto, nord nordest & sud suroest, y a 2. l.

Gisent Louday & les Ormes, est nordest & oest suroest, y a 18. l.

Gisent Louday & Mirafurde, nord noroest & suroest, y a 14. l.

Gisent Louday & Caldey, nord & sud, y a neuf lieues.

Gisent Longaneos & le Haure de Mirafurde, nord nordest & sud suroest, y a 18. l.

S'ensuiuent les sondes de la manche de Bristol.

SCaches que si tu és dessus la bache de Surlinge, à 60. ou 64. brasses, si tu ne tiens le sengal comme si tu ne voulois donner au fons allant la voye de l'est nordest, iras à Louday.

Sçaches qu'entre Surlinge & Mirafurde, trouu $

E iiij

ras à la route 40. braſſes, & ſable menu.

Sçaches que du cap de Longaneos iuſques à Louday, trouueras 40. braſſes ſable rallo, & deſſus le cap Dartay à 35. braſſes ſengal des pierres comme peyrim.

Sçaches que aupres de l'Iſle de Louday, trouueras 20 braſſes.

Sçaches qu'entre Mineut & Louday, à l'achenal: y a 35. braſſes.

Sçaches qu'entre Mineut, & les Ormes, à l'achenal y a 20. à 25. braſſes.

Sçaches que des Ormes iuſques à Quincquarade, y a à l'achenal deuers la mer, 12. ou 13. braſſes.

S'enſuiuent les marées de la manche de Briſtel.

Sçaches qu'en Sourlinge, la Lune au nordeſt quart de l'eſt, pleine mer.

Item en Longaneos, la Lune à l'eſt nordeſt, pleine mer.

Item en Chapiſto, la Lune à l'eſt quart de nordeſt, pleine mer.

Item au cap Dartay & Londay, la Lune à l'eſt quart de nordeſt, pleine mer.

Item en Berreſtanles, la Lune à l'eſt pérds de nordeſt, pleine mer.

Item de Longaneos iuſques à Louday, la Lune à l'eſt quart de nordeſt, pleine mer.

Item en la combe, la Lune à l'eſt prends de ſueſt, pleine mer.

Item de Louday iuſques à Mineut, la Lune à l'eſt, prends de ſueſt, pleine mer.

Item aux Ormes, la Lune à l'eſt quart de ſueſt, pleine mer.

Item en Briſuate, la Lune à l'eſt ſueſt, pleine mer.

Item des Ormes iuſques au boſcage, la Lune à l'eſt

'quart de ſueſt, pleine mer.

Item en Quincquarade, la Luue à l'eſt ſueſt, pleine mer.

Item en Cardif, la Lune à l'eſt prends de nordeſt, pleine mer.

Senſuirent les cours au long de la manche de Briſtol.

TV ſçauras que de Louday iuſques à Longaneos, viét la iuſante de nordeſt quart de nord.

Item entre Artay & Louday, vient la iuſante de nord nordeſt, garde toy touſiours de ceſte part ſera l'angaidge & garde: car ne iuge la courente.

Item de Mineut iuſques à Louday, vient la iuſante de l'eſt quart de nordeſt.

Item des Ormes iuſques à Mineut, vient la iuſante de l'eſt prenant de ſueſt.

Item du paus du boſcage iuſques aux Ormes, vient la iuſante de l'eſt nordeſt.

Item entre Louday & Caldey, vient la marée de l'oeſt ſuroeſt.

S'enſuinent les marées de la coſte de Gaule.

TV ſçauras qu'en Caldey & Mirafurde, la Lune à l'eſt prenant de nordeſt, pleine mer.

Item au cap de Galles, la Lune au ſueſt quart de l'eſt pleine mer.

Item en Gorſume & en Remenſin, la Lune au ſueſt pleine mer.

Item dedans le port de Baldreſi, la Lune à l'eſt ſueſt, pleine mer.

Item en Spol & en Chiſtre & Beaulmares, la Lune au ſud ſueſt, pleine mer.

S'enfuixent les marées de la coste de Galles en Angleterre.

TV sçauras que du cap de S. Dauid iusques à Holier, les marées sont noroest & suest, y a 30. l. gisent nord & sud.

Item de Holier à Beaulmares, y a 14. l. les marées sont noroest & suest pleine mer, la coste gist noroest & suest.

Item Beaulmares & la barre de Chistres, les marées sont nord nordest & sud suest, y a 8. l. à la route gisent est oest.

Gisent Beaulmares & l'Isle de Man, nord nordest & sud suest, y a 14. l. les marées sont noroest & suest.

Gisent Holier & Brechil qui est à la coste d'Irlande estant est oest prends vn quart de nordest & suroest, les marées sont à Brechil est oest.

Item au Haure de Millefort à la coste de Galles, les marées sont est oest à la mer sont noroest & suest.

Item à Surlinges, les marées sont est nordest & est suroest, pleine mer.

Item au cap de Cornaille, sont les marées, est nordest & oest suroest, pleine mer.

Item à Louday, sont les marées, est nordest & oest noroest, pleine mer.

Item à Bristol, sont les marées, est oest, pleine mer.

Item en Agatafurde, sont les marées, est oest, pleine mer.

Item tu dois sçauoir que si tu viens à la coste de Galles de nuict ou sarrazon, ne t'approches à moins de 15. brasses de la terre, & si tu vas à Irlande ne t'approches à moins de 50. brasses à la terre.

S'enſuiuent les marées depuis le deſtroit de Gibaltar iuſques
à la manche d'Eſcoſſe.

TV ſçauras que depuis le deſtroit de Gibaltar iuſques
au ras d'Outanât, les marées ſont nordeſt & ſuroeſt,
ſauf Malmiſſon, & S. Gilles à l'eſt nordeſt au ras prends
vn quart de l'eſt oeſt.

Item depuis le ras du long de la coſte de Bretagne,
Normandie & Picardie, inſques à l'Iſle d'Irlande, les
marées ſont eſt oeſt.

S'enſuiuent les marées de la baſſe Bretagne de port en port.

TV ſçauras que deuant le Concquet, les marées y
ſont nordeſt & ſuroeſt, Porſail, Abreduye, cours à
l'Iſle de Bas, les marées ſont eſt nordeſt & oeſt ſuroeſt.

Item tu dois ſçauoir que S. Paul de Leon, Morles, le
Mon, port blanc & Laudriger, S. Breau deuant S. Malo, Quincquauille à tous ceux-cy les marées ſont eſt oeſt
& aux 7. Iſles auſſi.

Item tu dois ſçauoir que au Caſquet, les marées ſont
oeſt noroeſt & eſt ſueſt, Larade, Blanchar, le cap ſainct
Germain, noroeſt & ſueſt quart de oeſt.

Item au ras Blancart content, & Chiribourc, Baira-
ſter & Honneſlent, l'entree de la riuiere deuant Habre-
nef, à tous ceux-cy ladite marée court au noroeſt &
ſueſt, fors qu'en Diepe & Abreneſſi.

Item tu dois ſçauoir qu'en ville Corte, Bologne, Calais, du Carquet, à tous ceux-cy les marées y ſont nord
noroeſt & ſud ſueſt.

Item tu dois ſçauoir que deſſus le bac qui eſt à la route, la marée eſt nord & ſud, Nieuport, Oſtende, les Bac-
ques, Deſcus, Flandres, Centour, l'Iſle d'Irlande, les
marées y ſont noroeſt & ſueſt.

S'enfuiuent les entrées de la manche de Briftel.

SSçaches que fi tu veux pofer dans Longineos, pofe à la fabliere de l'eft à 25. braffes, auras la plus nette & bonne pour pofer.

Sçaches que fi tu veux pofer en Santis, pofe a trauers de l'Ifle en plus ou moins profont, & pour entrer au cap du cay à moitié marée.

Sçaches que fi tu veux pofer ou entrer en Chapifto, aproche toy deuers l'oeft, & l'aiffe l'Ifle Deftribour, & quand feras dedans pofe, pource qu'il y a deffus petite eau, auras de baffe mer 2. braffes & demie, auras pour cognoiffance vne fabliere qui eft à trauers de l'Ifle deuers l'eft.

Sçaches que fi tu veux pofer au cap Demurs auec nordeft, pofe à 8. ou 9. braffes.

Sçaches que fi tu veux pofer en Louday auec vent de val, poferas au milieu de l'Ifle à 8. ou 10. braffes, & fi tu pofe auec nordeft dans Louday, pofe à la celle de l'Ifle, le profont eft grand, il y a vn banc à demy lieue du cap de nord de Louday, & n'y a de baffe mer qu'vne braffe.

Sçaches que fi tu veux entrer en Berreftaules eft port de marée, prends la mer.

Sçaches que fi tu veux entrer au cay de la combe il te faut 2. tiers de marée, & fi tu voulois pofer au haure, poferas a trauers de l'hermite à 10. ou 12. braffes.

Sçaches que fi tu veux pofer à Mineut, pofe a trauers de la ville, à 10. braffes, & fi tu vas à Brifuate prens la mer.

Sçaches que fi tu veux pofer dans l'Orme, pofe deuers le nordeft de l'Orme petite, pleine mer, à 12. ou 13. braffes.

Sçaches que fi tu veux aller voltigant à l'alutre de Mineut, iras deuers fueft comme de noroeft, par le milieu

du carreio & te gouuerneras par la ſonde & par les marques ſuſdites.

Sçaches que ſi tu veux aller de l'Orme par Abriſtol
auec grand nauire, prends bonne marée & leue l'alture
de Mineut, par le milieu de l'Orme petite, giſt le carreyo nordeſt & ſuroeſt quart de l'eſt oeſt, & ſi tu vas voltigant, ne t'approches deuers Galles à moins de 9. ou 10.
braſſes deuers Galles ez apicque, ya des bancs qui iet-
tent deuers Angleterre, tu te pourras aprocher à 5. ou.
6. braſſes, & tu feras au plus eſtroit, quand auras vn mo-
lin haut en vn mont, en ce païs trouueras demy marée,
5. ou 6. braſſes tu te gouuerneras comme dit eſt, deſpuis
iras au long de la terre Deſtibour à Quincquarade, &
poſe de pleine mer à 10. ou 12. braſſes, auras de baſſe
mer 5. ou 6. braſſes.

Sçaches que ſi tu viens de Louday pour aller aux Ormes à la route de l'eſt nordeſt, ne t'approches deuers
Galles par le bác de Carabande, ce bác dure beaucoup
eſt oeſt, & ne t'approches a moins de 12. braſſes, n'y a
trauerſer deuers Galles iuſques a tirer a Mineut au ſud
ou ſud ſuroeſt, deſpuis pourras aler au long de la terre,
& garde toy du banc.

Sçaches que a trauers de Briſnate, y a vn banc ou n'y
a de baſſe mer ſinon 2. braſſes & demie allant de Mineut pour aller aux Ormes, te garderas dudit banc.

Sçaches que ſi tu veux aller au long de la terre de Galles par Acardiffe, iras par le milieu de la ſóde, donneras
Amor a la forme par vne bache qui eſt deuers Cardif &
poſe, auras de baſſe mer 3. braſſes & demie, te ſaillira la
pointe au ſu ſuroeſt, & la marée vient de ſu au ſuroeſt, &
ne te poſe à l'Orme pour vn banc qui giſt deuers ſueſt,
& baſſe mer paroiſt.

Sçaches que ſi tu veux paſſer par entre le banc & l'orme petite tu trouueras l'Orme petite ouuerte de la longueur d'vne Gallere deuers ſueſt: eſt bon chemin, y a
de baſſe mer trois braſſes & demie,

S'enfuiuent les entrées des ports de Galles & entrées de Mirafurde.

SCaches que si tu veux poser en Caldey, serre toy à l'Isle de Caldey & boute l'Isle au suest, & quand tu descouuriras le clocher petit qui est dans l'Isle, pose à trauers du village, & auras de basse mer quatre brasses & demie, & de pleine mer à 11. brasses.

Sçaches que si tu veux entrer dans Mirafurde, gist l'entrée est oest, iras par le milieu de la pointe d'Ababour, y a vne Eglise en passant vn Hermitage qui est deuers Sabo   pose à 5. brasses, & si tu veux cognoistre le port de   rafurde y a vn village qui se nomme le Dulle, verras au cap d'Ababour deuers la mer des Isles à vne lieue dehors des Farillons deuers l'est, y a vne sabliere pres du port, & à terre deuers l'est toute planiere & basse se fait comme 3. caps.

Sçaches que Caldey est plus long & plein de pleine mer, il y a vne Eglise ronde qui semble le Chasteau; & deuers l'est de Calday verras vne rocque deuers l'est nordest de la ville, la est le port là ou les nauires donnent en sec de basse mer: entre Caldey & Tenebij, y a de mauuaises baches qui se couurét de demy marée, & si tu viens de Caldey par Amirafurde, y a vne bache deuant, & garde toy que tu n'approches à l'entrée qui sort à la mer, & pour te garder de la bache tiens descouuert Caldey dehors de la terre, & la bache à trauers de la pointe de l'est, & depuis que tu doubleras n'ayes peur & iras poser.

S'enfuiment les sondes en venant de Cisarge pour aller au Bocgnamemt de l'achenal d'Angleterre.

TV sçauras qu'vn nauire qui part de Cisarge & va à Ochent à la route de nord nordest & sud suroest,

& fondes 100. 90. ou 80. braffes, & fi tu trouues à la
fonde efcailles de S. Iacques, ou vafe feras deuers Molines ou en la Guolle de l'Irlefle, & fi eft marée, iras au
nord pour te garder d'Ochent.

Sçaches qu'allant chercher Ochent à la voye de nord
nordeft, fondes 80. ou 90. braffes, auras à Sain 13. ou
14. lieues, & fi tu y trouues vafe & qu'il ny aye fengal
menu, feras à l'Ifle & affoumiras les braffes, & fi fondes
80. braffes trouueras areftes comme efcailles de fainct
Iacques, iras droit au nort pour te garder d'Ochent iufques à le tirer au nordeft.

Sçaches que tenant Ochent au nordeft à 85. braffes,
auras à Ochent 22. l. & fengal de fable menu, de 80.
braffes 20. l. de 75. braffes 15. lieues ; de 70. braffes 10.
lieues. à la terre.

Sçaches que allant la voye de nord nordeft & fondes
75. ou 80. braffes, fi tu trouues fable menu vermeil feras au pres d'Ochent & fi le iour & le temps t'obligeoit
à aller au nordeft cercher Ochent, y aura 10. ou 12. l.

Sçaches que fi tu fondes 70. braffes & fengal d'areftes
côme fable pietre feras dedās Ochent te faillira au fueft,
& fuiuāt dedās la chenal entre Ochent & Longancos ou
Lifart & fondes 70. braffes fable gros vermeil, feras deuers cornalle, auras à la terre de nord nordeft 15. ou 16. l.

Sçaches que deuers Cornaille eft fegide, & quād poferas dedans les caps & fondes 50. ou 53. braffes, & fengal de pierres noires areftes comme cora, feras à l'enrour
d'Alifart & par nuict ou farrazon, ne t'abaiffes de 50.
ou 45. braffes à l'entour de luy.

Sçaches que entre Sain & Surlinge à la routte de nord
noroeft & fud fueft, trouueras 70. braffes entre Ochent
& fur l'eft, à la route de noroeft & fueft quart de nord &
fu trouueras 65. braffes, & de Ochēt allāt la voye de noroeft, trouueras 66. braffes allāt deuers lamer d'Ochent
des 75. braffes allant la voye de furoeft doubleras Sain.

Sçaches que tenant Sain au nord des 100. braſſes auras à Sain 15. lieues; de 90. braſſes 1 5. lieues; de 70. braſſes 8. lieues; de 60. braſſes 4. lieues, & tenant Outanant au nord des 64. braſſes auras à Outanant 4. lieues, prenas garde car la marée court fort entre Sain & Ochent, à la route y a 50. braſſes, ne t'abbaiſſes de celles la, ſi la marée eſt iras au nord noroeſt, & te iettera deſſus les moulins car l'eau court fort.

Sçaches que ſi tu vas chercher Turiane ou Aliſart des 80, braſſes auras Aliſart à 40. ou 45. l. & trouueras ſable gros meſlé à trauers d'Aliſart, 8. lieues à la mer trouueras 57. braſſes, ſengal vermeil, ſable gros entre le Hour & Longancos à l'achenal, y a 60. braſſes.

Sçaches que au parage de Barbarac ou à l'Iſle de Bas, tenant à Ochent au ſuroeſt prenant de ſud, trouueras en certains lieux 70. ou 75. braſſes, & ſi ſondes 60. braſſes auec ſengal de pierres comme feues feras deuers l'Iſle de bas entre le Hour & Gualbay de 43. braſſes, auras à terre vne lieue, & de 63. braſſes deux lieues deuers ſueſt de 7. Iſles, & de 53. braſſes huict lieues à terre.

Sçaches que ſi tu és au parage de Rocquetobas, & ſondes 40. braſſes, ſi trouues ſable gros vermeil, iras de tout au nord pour doubler le cap de Grane à trauers de Remy, trouueras fort profond.

Sçaches que de Surlinge iuſques à Aliſart de nuict ou farrazon, ne t'abbaiſſes de 50. braſſes, & d'Aliſart iuſques à Gaudeſter, ne t'abbaiſſes de 40. ou 45. braſſes par nuict ou ſarrazon de Gaudeſter à Porlaus, ne t'abbaiſſes de 30. ou 35. braſſes, & de Porlaus à l'Iſle d'Vye iuſques à Beochep iuſques à Romancos, ne t'abbaiſſes par nuict ou ſarrazon à moins de 20. braſſes, le meſme iuſques à Dobre.

Sçaches qu'entre l'Iſle de Bas & Fabic en l'achenal, tu trouueras 55. ou 57. braſſes, & deuers l'eſt ſueſt à 5. lieues de Fabic, trouueras vne rocque, & y a deſſus elle

22. braſſes, & au pied d'elle y a 50. braſſes.

Sçaches qu'entre Artamme & les 7. Iſles, y a à l'a-
chenal 47. braſſes à trois lieues de Gaudeſter, trouueras 35. ou 37. braſſes, & ſable rouge meſlé auec areſtes, ainſi trouueras au parage de lim, ſable gros au plõ
iuſques au ſac de Porlaus à trauers de lim, & trouueras
38. braſſes à la ſonde pierres groſſes.

Sçaches qu'à trauers de Porlaus en veuë de lim,
trouueras 35. braſſes, & ſengal de pierres menuës
blanches, & à 30. braſſes à la ſonde, groſſe lixoſſe:ad-
uiſe, car toutes ces ſondes ſont en veüe de Porlaus, &
& y a en lieux pierres.

Sçaches qu'entre Garneſnye & Porlaus, y a à la
chenal 40. ou 45. braſſes allant entre les Caſquets &
Porlaus, iras la voye de l'eſt quart de nordeſt pour
doubler Beochep.

Sçaches qu'entre l'Iſle d'Vye & l'Oge, y a à l'achenal 35. ou 40. braſſes, & deuers l'Oge il eſt tout plain
de rocques, & deuers Angleterre nette, & ainſi ſçauras
de qu'elle part ſeras.

Sçaches qu'à 4. lieues à la mer du cap de Toro,trou-
ueras 25. ou 27. braſſes, & au ſud du cap de S. Eleine
4. ou 5. lieues à la mer, trouueras 26. ou 27. braſſes
allant plus auant,trouueras 35.ou 40.braſſes,& n'ayes
peur de la voye de l'eſt quart de nordeſt, prendras cognoiſſance de Beochep.

Sçaches que ſi tu és à 20. braſſes, & ſi tu te iettes ſur
la Cité, trouueras à la ſonde frapeures de rocques, &
au plomb comme taillade de fil deſlié : allors ſeras au
parage de la Cité vieille, ceſte ſonde te ſuiura iuſques
à 7.calles à la route de 20. braſſes pour auoir cognoiſſance de Beochep ou de Herlage,deuant que tu entres
à l'Eſtrecho.

Sçaches qu'entre Beochep & Antifer à l'achenal, y
a 30. ou 35. braſſes entre Diepe & la Chambre, trou-

F

ueras les mesmes brasses, mais deuers l'oest de Herlagt
a.lieues à la mer, & y a lieues de 10. ou 12. brasses.

Sçaches qu'entre Dobre & Bologne, y a vn banc qui
n'a de basse mer sinon 3.brasses,ou 3.& demie,en ce bâc
est anguosto gist nordest & suroest & gist auec Dobre
nord noroest & suroest, se nomme le bâc de Flocestan,
& entre le banc & Angleterre trouueras 25. ou 26.
br asses,& de Picardie trouueras 24.ou 25. brasses, la
sonde fausse iusques audit banc, plus deuers Picardie
que Angleterre.

Sçaches qu'entre Dobre & Saucater, y a 22. brasses
en lieues y 2 27. brasses entre Dober & Calles, y a 27.
ou 28. br asses,

S'enfuiuent les fondes en venant de Turiane pour aller à Surlinge.

Sçaches que si tu parts de Surlinge ou de Mongie, &
si tu ez à cercher Surlinge & sondasse 100. brasses &
sengal de salpetre comme sengal de vase,& si tu ne trouues sengal comme si tu ne donnois à terre & si glaco
grand chemin, & si ne t'abbaisse sinon vn petir, seras
dessus le banc de Surlinge de 100. brasses auras à Surlinge 5.l.

Sçaches que si tu és deuers Surlinge & sondes 80.
brasses,& si tu trouues sable menu comme salpetre meslé,iras la voye de nord nordest 4. ou 5. lieues & assou-
mi as 4. ou 5. brasses, seras à la route , & si tu n'assom-
mes sinon vn petir seras deuers Surlinge.

Sçaches que si tu sondes 60. ou 65. brasses, & si tu
trouues sable menu aucunes rouges arestes petites seras
au parage de Longaneos, & verras si fait clair le mont
& iras en ce parage, & ne t'abbaisse de cinquante brasses par nuict ou sarrazon.

Sçaches que tenant Surlinge au nord quart de nor-

deſt des 80. braſſes, auras à Surlinge 18. lieues, la ſonde pleine d'eſcailles comme de S. Iacques, & aucunes
pieces de pierre en toute la part de Surlinge, par mer-
ueilles trouueras areſtes, & ainſi ſeras aduiſé.

Sçaches que tenant Surlinge au nord des 75. braſſes
auras à Surlinge 10. ou 12. lieues, & ſi tu trouues eſ-
tailles menuës & ſable menu meſlé comme millet rouges.

Sçaches que tenant Surlinge au nordeſt quart de
nord à 25. braſſes & Ochent à l'eſt ſueſt trouueras 68.
braſſes à la ſonde comme eſcailles de ſainct Iacques allant à l'eſt nordeſt, trouueras 65. braſſes ſable gros.

Sçaches que tenant Surlinge au nordeſt 4. ou 5. li
trouueras 60. braſſes.

Sçaches que tenant Surlinge à l'eſt ſueſt des 80. braſſes, auras à terre 30. l. & la ſonde ſale.

Sçaches que eſtant à 5. braſſes auras à Surlinge 12
lieues & ſengal de ſable gros tenant la bache à l'eſt nordeſt.

Sçaches que tenant Surlinge à l'oeſt noroeſt y a 14. li
tu trouueras 60. braſſes ſengal de ſable gros comme
areſtes.

Sçaches que tenant Surlinge au noroeſt trouueras 60
braſſes, allant droit à Surlinge, tu n'aſſoumiras iuſques
que tu ſeras pres de luy, & trouueras à la ſonde ſable
gros comme pierres rouges, & pres de Surlinge y a 50
braſſes.

Sçaches que tenant Surlinge au nordeſt des 60. ou 70
braſſes trouueras ſable gros & menu allant au nord noroeſt, trouueras la bache & à la ſonde ſable gros & noir
& ſonde à chaque empollete pour trouuer la bache allant au nord noroeſt, & ne dure ceſte bache que 2. l. &
trouueras deſſus la bache 63. braſſes & giſt auec Surlinge, la bache eſt oeſt, y a 7. l. à Surlinge.

Sçaches que ſi tu as paſſé la bache de Surlinge allant

au nord noroeſt, trouueras vn banc de ſable entre ce banc & la bache de Surlinge &c d'Irlande, y a deſſus le banc 60. braſſes.

Sçaches que ſi tu és nord & ſud des Iſles de Saltes iuſques a Cabobiezo des 100. braſſes auras aux Iſles de Saltes 60. lieues; de 80. braſſes 45. lieues; de 70. braſſes 35. lieues; de 60. braſſes 24. lieues; de 50. braſſes 12. lieues; de 30. braſſes 4. lieues, abbaiſſeras vn petit par lieue vne braſſe & demie, ſeras deuers l'oeſt de Cabobiezo.

Sçaches que ſi tu és nord & ſud de Cabobiezo des 100. braſſes auras à terre 50. lieues ; de 80. braſſes 4. l. de 70. braſſes 30. lieues; de 60. braſſes 20. lieues; de 50. braſſes 10. lieues; de 40. braſſes 5. l. de 35. braſſes, auras à terre 4. ou 5. l.

Sçaches que ſi tu és nord & ſud du cap de Clare ou de 7. Chaſteaus de 100. braſſes, auras à terre 30. lieues de 80. braſſes 20. lieues; de 70. braſſes 15. lieues ; de 60. braſſes 9. lieues; de 50. braſſes 4. ou 5. l.

Sçaches que ſi tu és au cap de oeſt du cap de Clare iuſques à 100. braſſes, auras à terre 20. l. de 80. braſſes 10. l. de 60. braſſes auras à terre 4. ou 5. l. allant deſſus viſant à 100. braſſes 10. l. trouueras ſable pierre, auras à terre 22. l.

Sçaches que aucun nauire ne ſe doit baiſſer des Iſles de Saltes à Cabobiezo par nuiɔt ou ſarrazon à moins de 25. ou 30. braſſes, le meſme de Cabobiezo iuſques au cap de Clare, ne t'abbaiſſes à moins de 40. ou 45. braſſes par nuict ou ſarrazon , & du cap de Clare iuſques aux Blaſcays, ne t'abbaiſſes à moins de 60. braſſes ſans auoir cognoiſſance de la terre.

Sçaches que si tu és à chercher la coste d'Irlande au parage de Yocle ou de Gatafurde allant chercher la terre, abbaisseras par lieuë vne brasse , & si tu és au parage de Cabobiezo de Guicalle, tu abbaisseras par lieue 1. b. & dem. & si tu és au parage des 7. Chasteaux 2. brasses & demie, allant chercher Vizen, abbaisseras de trois brasses & demie: cecy s'entend estant à l'entrée du banc allant la voye de nord : ainsi sçauras en quelle part seras.

Sçaches que à la route de Yocle ou de Gatafurde des 65. brasses iusques aux 45. trouueras basse.

Sçaches que si tu és à Luyando entre Surlinge & le cap de Clare, & si sondes 60. brasses tenant Surlinge à l'est suest, auras à Surlinge 10. ou 12. l. & si de ce parage tu vas au nord noroest ou au nordest quart de nord, trouueras 55. brasses & sengal de sable gros noir , & n'ayes peur que tu ayes grand chemin à terre, & si de ceste sonde tu és tu nord nordest 7. ou 8. l. & sondes. 65. brasses & grande basse tiendras à Cabobiezo au noroest prends de l'est, & si de ceste sonde tu és à l'oest noroest 3. ou 4. lieues & trouues 50. brasses, sable net, seras entre Surlinge & Cabobiezo.

Sçaches que si tu és entre Tosquey & le cap de Galles auec nuict ou sarrazon ayant reparé, ne t'approches à la terre d'Irlande à moins de 30 ou 35. brasses deuers Galles à moins de 60. ou 70. brasses. Deuers Galles, trouueras 80. ou 90. brasses, & si tu ne peus reparer & que le vent fut de nordest, va au nordest par les 30. ou 40. brasses, iras à l'Isle de Man, y a du cap de Galles à l'Isle de Man 16. l. & y a au derriere bon posoir, & y a vne bache deuers le sud.

S'enfuiuent les trauerses de Sain à Surlinge & d'Angleterre.

Gisent Sain & le cap de Clare, noroest & suest : y a 90. l.

Gisent Surlinge & le cap de Clare, est suest & oest noroest: y a 50. l.

Gisent Surlinge & Cabobiezo, noroest & suest : y a 43. l.

Gisent Surlinge & les 7. Chasteaux, noroest & suest quart de l'est oest: y a 44. l.

Gisent Surlinge & Coerca, noroest & suest quart de nord & sud: y a 45. l.

Gisent Surlinge & Gatafurde, nord & sud quart de noroest & suest: y a 40. l.

Gisent Longaneos & Gatafurde, noroest & suest: y a 43. l.

Gisent Longaneos & Cabobiezo, noroest quart de l'est oest, y a 45. l.

Gisent Louday & les Isles de Saltes, est suest & oest noroest, y a 28. lieues en ceste route garde toy des Marizalles qui sont au milieu du chemin dessus le cap de Mirlafurde.

Gisent Louday & Cabobiezo, est oest: y a 50. l.

Gisent Longaneos & Tosquey, nord & sud quart de nordest & suest.

S'enfuiuent les routes d'Irlande.

Gisent les Isles de Saltes & la Tour de Gatafurde, est oest quart de noroest & suest : y a 4. lieues, & sçaches que au sud suroest des Isles de Saltes à vne lieue à la mer, y a des baches qui sont couuertes.

Gisent les Isles de Saltes & Cabobiezo, nordest &

ſuroeſt quart de l'eſt oeſt: y a 24. l.

Giſent la Tour de Gatafurde & Cabobiezo, nordeſt & ſuroeſt, y a 20. l.

Giſent Cabobiezo & le cap de Clare, eſt nordeſt & oeſt ſuroeſt: y a 16. l.

Giſent la rocque Faſtanay & l'entrée de Corcam, noroeſt & ſuroeſt. y a 2. l.

Giſent ladite rocque auec le cap de Clare, nordeſt & ſuroeſt: y a 1. l.

Giſent le cap de Clare & le cap de Mar, eſt oeſt prenant de noroeſt & ſueſt: y a 4. l.

Giſent le cap de Mar & les Carmellos, eſt ſueſt & oeſt noroeſt, y a 9. l.

Giſent les Carmellos & l'Iſle de S. Michel, nord & ſud quart de noroeſt & ſueſt, y a 4. l.

Giſent les Carmellos & le cap Mogo, nord & ſud quart de nordeſt & ſuroeſt: y a 4. l.

Giſent le cap de Mar & le cap de Vizen, eſt oeſt, y a 10. l.

Giſent le cap Mogo & les Iſles de Braſquey, noroeſt & ſueſt. y a 3. l.

Giſent les Calmes auec la pointe plus auant à la mer de Gransbraſquey, nord noroeſt & ſuroeſt: y a ſix lieues.

Giſent le cap de Mogo & le grand Calme, eſt oeſt quart de nordeſt & ſuroeſt: y a 2. l.

Giſent les Calmes auec le Mar de la ſonde, nord & ſud: y a 5. l.

Giſent les Calmes & Bentri, nord & ſud quart de nordeſt & ſuroeſt: y a 6. l.

Giſent les Braſqueys & le Haure d'Eſmeric, nordeſt & ſuroeſt, y a 3. lieues, & giſt le Haure nord noroeſt & ſud ſueſt, il n'y a requeſte ſinon ce que tu verras de l'œil.

Giſet les Braſqueys & cap de Lomeric, nordeſt & ſuroeſt, y a 12. l.

Giſent le cap de Lomeric & les Iſles Darene qui ſont à 7. l. de Gualbay, nord & ſud: y a 12. l.

Giſent les Braſqueys & le cap de Quil, nord & ſud, y a 38. l.

Giſent le cap de Quil & les eſtaches de Brotan, nord nordeſt & ſud ſuroeſt: y a 9. l.

Giſent les eſtaches de Brotan & le cap de Telin, eſt nordeſt & oeſt ſuroeſt: y a 18. l.

Giſent les eſtaches de Brotan & Calabec, eſt oeſt, y a 18. l.

Giſent les eſtaches de Brotan & les Iſles Dara nordeſt & ſuroeſt quarc de l'eſt oeſt, y a 28. l.

Giſent les iſles de Telin & l'Isle Dara, nord nordeſt & ſud ſuroeſt: y a 10. l.

Giſent l'Isle Dara & l'Isle de la Tour, nordeſt & ſuroeſt: y a 7. l.

Giſent l'Isle de la Tour & la conegere, nordeſt & ſuroeſt, y a 4. l. & giſt vn banç à 2. lieues de la Conegere au nord quarc de noroeſt, y a petite eau.

Giſent le Solij, & l'Isle de la Chambre, nord & ſud quart de nordeſt & ſuroeſt: y a 5. l.

Giſent l'Iſle de la Chambre eſqueris, eſt ſueſt & oeſt noroeſt: y a 12. l.

Giſent Eſqueris & Cautaray, eſt nordeſt & oeſt ſuroeſt, y a 7. l.

Giſent Cautaray & Genelle, nord noroeſt & ſud ſueſt, y a 7. l.

Giſent Genelle & les Complatiues, nord noroeſt & ſud ſueſt: y a 7. l.

Giſent les Complatiues & l'Isle de Man, noroeſt & ſueſt: y a 13. l.

Giſent l'Isle de Man & Murs de Galbe, nordeſt & ſuroeſt, y a 10. l. & ſi tu és à l'Isle de Man, approche toy deuers Ababour.

Giſent les Complatiues & Millas, nord noroeſt & ſud
ſueſt, y a 8. l.

Giſent Millas & Laubay, nord & ſud quart de nordeſt & ſuroeſt, y a 21. lieue, de Millas à Eſtanfort, y a
5. lieues.

Giſent Eſtāfort & Caluiſort, nordeſt & ſuroeſt quart
de nord & ſud: y a 6. l.

Giſent Caluiſort & Laubay, nord & ſud quart de
nordeſt & ſueſt, y a 12. l. & giſt vne Isle à l'entrée de
Caluiſort deuers Ababour & giſt à l'entrée eſt ſueſt &
oeſt noroeſt, laiſſe le Chaſteau Deſtibour & poſe de
baſſe mer à 3. braſſes.

Giſent Laubay & l'Isle de Man, nordeſt & ſuroeſt: y
a 21. l.

Giſent Grinalde & Toſquey, eſt oeſt prenant de nordeſt & ſuroeſt, y a 9. lieues, & ſi tu veux poſer en Grinalde boute le Chaſteau au ſud, & poſe à 6. braſſes.

Giſent Toſquey & les Isles de Saltes, eſt nordeſt &
oeſt ſuroeſt: y a 4. l.

Giſent Toſquey & le cap d'Argilles, nord & ſud quart
de nordeſt & ſueſt: y a 36. l.

Giſent Marizalles & Mirafurde, eſt oeſt: y a 6. l. au
çap, & y a enuiron 3. ou 4. l.

Giſent les Isles de Gorſume & Mirafurde, eſt oeſt, y
a 12. l.

S'enſuiuent les marées de la coſte d'Irlande.

TV ſçauras que des Isles de Saltes iuſques au cap de
Clare, & Braſquey, au cap Telin, à Gualbay, à El-
meric, Eſmeric, Diugle, S. Michel, Brian, Corcain, Valentinor, Gunçalle, Ocle, Coerca, & Gatafurde, la Lune à l'eſt nordeſt, pleine mer.

Sçaches que de l'Isle Dara iuſques à l'Eſrecho de
Requeh, la meſme marée la Lune à l'eſt nordeſt, pleine

mer, y courent beaucoup les augaidges.

Sçaches que de l'Eftroit de Requeh iufques à Duelme, la Lune au furoeft, pleine mer.

Sçaches que de Duelme iufques que tu touches Tof-
quey, la Lune à l'eft fueft pleine mer, aux Isles de Saltes, la Lune à l'eft pleine mer, & en Cantaray, la Lune à
l'eft fueft, pleine mer.

Sçaches qu'en Genelle & en Bufcaforas, la Lune au
nord noroeft pleine mer, en Doali iufques à Laubay, la
Lune au noroeft, pleine mer, & aux bancs à l'eft
fueft.

S'enfuiuent les cœurs des Iftes de Saltes iufques au ras de Cautaray.

SCaches que de Cabobiezo iufques aux Isles de Saltes
vient la marée du furoeft quart de l'oeft, à la route de
l'oeft furoeft des Isles de Salses iufques à Vlquelmo viët
la marée de fud fueft, & aux bancs mefmes.

Sçaches que de l'Isle de Laubay par toute la foffe de
Driuge, vient la marée de fud fueft, & la iufante de nord
noroeft.

Sçaches que dedans la foffe de Molmes iufques à la
pointe Dargilles vient la marée de fud furoeft à la
pointe Dargilles iufques au ras de Cautaray vient la
marée de nord noroeft, & la iufante de fud fueft.

S'enfuiuent les cognoiffances & entrées des ports d'Irlande.

SCaches que fi tu veux entrer en Garafurde, ne t'approches deuers la Tour, & entreras par le milleu, & fi
tu entres à Luyando auec vent d'aual, approche toy deuers l'oeft & eft fec iufques à vn cap gros qui fe nomme
Mont noir, & pofe à 7. braffes & n'entre plus dedans fi

de premier ny as efté, & prends la mer par dedans, & fi
as d'aller par marques prends vn clocher deuers le nordeft, iras droit iufques que feras à l'achenal qui eft entre
le fable deuers l'eft, & laiffe le fable d'Ababour & le clocher Deftibour & va ainfi, & quand feras deuant le village pofe à 8. ou 10. braffes deuers l'oeft, & conte la
pleine Lune à l'eft quart de nordeft.

Sçaches que Blanquetin tient le cap de furoeft petit à
la mer, il tient 2. Ifles & eft plus pres du cap & plus baffe & eft plus grande à la mer, ronde & haute, & y a bon
pofer de fueft iufques au nordeft de Blanquetin à Yocle, y a 2. l. Yocle eft port de marée & y a vne Ifle deuers la mer comme l'Ifle de S. Clare.

Sçaches que d'Yocle à Armor y a 2. lieues, Armor
tient vn romo & vn farrillon, & au cap tient vne bache
à vn cable, y a bon paus dedâs à 5. braffes deuât vne mai-
fon rompue, & quand feras au paus, verras vn clocher
haut, & tiendras à Biglo iufques au fueft.

Sçaches que d'Armor à Mongarbay y a 3. l. Mongarbay tient vn cap romo, & y a vn grand farrillon; vn petit au cap de l'oeft, tient vne bache à l'eft nordeft des farillons, & au cap y a deux baches à vne portée d'artillerie, & entre le cap & les farillons y a bon paffage au
paus, tu auras de baffe mer 4. braffes, & auras à Biglo
de nordeft iufques au furoeft.

Sçaches que fi tu veux entrer en Coerca ferre toy à la
terre de l'eft, verras Amor à la terre Deftibour par vne
bache qui eft au milieu de l'entrée, il y a vn banc auquel
n'y a de baffe mer finon vne braffe & demie, à l'achenal
de l'eft trouueras 10. ou 11. braffes, & dedans troue-
ras 20. braffes, & quand feras là, feras dedans, & tiendras deuers l'oeft vn banc & vne terre au nord, & iras
droit à elle iufques à ce que tu feras pres d'elle, & leue la
fonde Dababour par les 4. ou 5. braffes par vn banc

qui gist d'Ababour, despuis iras à la chenal de l'oest, pose la ou il te plaira.

Sçaches que si tu veux aller à Guicalle, iras de Cabobiezo au nord, & quãd seras tant auant comme l'entrée,
verrsa comme vn Chasteau deuers l'est nordest, laisse
ce Chasteau Destibour à l'entrée du port, y a vne bache
& deuers l'est nordest y a des Isles; celle de pres la terre
est petite, quand tu la tiendras auec la pointe seras à trauers de la bache & despuis qu'auras doublé la bache serre toy deuers Stibour & pose deuant le Chasteau à 6.
ou 7, brasses, gist le carreyo nord & sud quart de noroest & suest.

Sçaches que de Cabobiezo a Artunelage, y a vne l.
ne t'approches à la terre de l'est pource qu'il y a des baches, tu iras droit au cap de l'oest, & verras vne bache
qui se descouure du tout de pleine mer, & y a vne aiuste
du cap de suest, la bache est seure & ne tient requeste
nulle, tu verras Amor à la pointe de demy cable, pose à
la sabliere qui est ioincte auec la poincte de sud, à 7. ou
8. brasses, ce port est couuert sinon de suroest iusques à
l'oest suroest.

Sçaches que d'Artunelage à Condor, y a 5. lieues,
Condor, est entre Ros & port Ventura, il a au suroest du
port vne Isle non pas tant grande côme celle de Bristol;
à l'entrée du port y a vn'Isle nonpas tant grande, & dehors des 2. pointes à celle de l'Isle y a 12. ou 14. brasses, & si tu vas par marques deuant que tu ne sois à la
pointe dessus verras vn assier & iras droit à luy : car tout
est seur, & iras ioinct à Clasier pource qu'il y a des baches couuertes de toutes pars, pose à 10. ou. 11. brasses,
en ce port deuers l'est de l'Isle, sinon deuers l'oest, & ce
port tient dessus la pointe de l'est vne Tour en cecy te
pourrras aduiser.

Sçaches que de Condor à port Ventura y a vne lieue,
& venant deuers les 7. Chasteaux, il semble que tu sois

àl'entrée Ieuers le noroeſt par ce qu'il ſemble à Cort,& celuy qui ſemble cort laiſſe le deuers Ababour ioinct a-uec le cap de l'entrée de ſueſt, y a vne Iſle & laiſſes la d'Ababour donnant Amor auec les 2. pars de l'entrée, approche toy deuers l'eſt par vne bache qui eſt dedans l'Iſle à vn cable, & poſe deuers l'eſt, l'entée eſt au nord noroeſt & ſud ſueſt,& eſt cóme l'entrée de S. Sebaſtian.

Sçaches que de port Venture aux 7. Chaſteaux, y a vne lieue & demie, & des 7. Chaſtéaux paroiſſent les 5; voilles les 2. ne paroiſſent point, car elles ſont plus bas & ſortent deuers le nord à demy lieue; giſent les 7. chaſteaux & port Venture nordeſt & ſuroeſt prenant de l'eſt oeſt.

Sçaches que Valentinor eſt 3. lieues au nor-deſt du cap de Clare,& ſi tu voulois entrer dans Valen-tinor quád tu ſeras tát auant auec l'entrée verras le cha-ſteau ; giſt l'entrée nord & ſud quart de noroeſt & ſueſt, à l'étrée y a vne bache à trauers de la pointe de l'eſt qui eſt a vn tiers de chenal deuers l'eſt ſerre deuers l'oeſt de-uant le chaſteau à 6. ou 7. braſſes.

Sçaches que au ſuroeſt du cap de Clare iuſques à la rocque Faſtanay, giſt l'entrée de Corcam nord noroeſt & ſud ſueſt à 2. lieues, Corcam eſt bon port,

Sçaches que ſi tu voulois cognoiſtre Droſey ez Iſles venant de la mer verras au ſud à trauuers 2. montaignes grandes deuers l'eſt & ne verras aucune terre ſauf le cap de Clare 3. lieues deuers l'eſt de Vizen & Brian , & ve-nant de la mer verras vne grande montaigne : deuers l'eſt ſueſt y a 2. barres à l'entrée de Brian , tu verras vn chaſteau blanc,& deuers l'oeſt de l'entrée y a vne bache à trauers de 2. farrillons,giſt l'entree de nord nordeſt & ſu ſuroeſt.

Sçaches que allant du cap de l'oeſt au cap des Clare, verras 2. ou 3. monts hauts rons qui ſemblent Iſles, ils ſemblent le cap de Clare de la mer en dehors , & y a vn

mont ron , & toute la terre du nord se-faict basse sauf
les montaignes, ainsi cognoistras les terres, & verras
les 7. Chasteaux & basse se faict comm'vn Isle , & y a
vn Chasteau ou 2. plus bas que Cabobiezo, & a vn
tiers d'vne lieue à la mer y a vne bache.

Sçaches que si tu ez entre Cabobiezo & les 7. Chasteaux, verras dessus Cabobiezo vne montaigne ronde
plus à l'oest, & vne autre mótaigne à la maniere de gallere plus hauté & plus longue que l'autre, & verras deuers l'oest vn mont , cours au milieu comme de Cabobiezo se faict basse & ronde ; allant au su toute la terre
se faict basse dessus Cabobiezo, tu verras vn Chasteau
deuers l'est, & ne verras autre montaigne iusques à Yocle : dessus les 7. Chasteaux , y a vne grande mótaigne
doublée plus haute que non pas les autres deuers l'oest

Sçaches que Coerca est 5. lieues de Cabobiezo, &
deuers l'oest de l'entrée de Coerca, verras vn beau cap
& basse à la riuiere, & toute la terre planiere, deuers le
nordest se faict vn haure plus au nordest du haure, &
verras l'alte de Mongarbay au pied de l'alte deuers est
suroest, Ocla & Yocle sont pors de marée.

Sçaches que dessus Yocle, verras vne grande montaigne non tant haute cóme celle de Mongarbay, & ceste
montaigne tient 6. pillos agus, & quand tiendras ce
puys au nord nordest, tiendras l'entrée d'Yocle au nord
noroest, deuers l'oest d'Yocle y a aussi vn autre Isle &
vne sabliere, mais elle n'est pas tant grande comme la
d'Yocle, & deuers l'est nordest y a vn beau cap.

Sçaches que Mongarbay est vn mont & n'y a en toute la coste lieu si haut deuers le noroest, se fait plus bas &
à vn pied deuers l'est suest, il y a de Mongarbay à Gata-
fui de 7 lieues.

Sçaches que Gatafurde a vne Tour haute deuers l'est
comme la Tour de la Crime à l'est suest sont les Isles de
Saltes, & sont 2. Isles, & deuers l'oest est plus au sud des

Isles à vne lieue, y a des baches qui sont mauuaises &
couuertes, deuers l'oest de l'entrée de Gatafurde, verras
2. beaux caps, & de grands monts, mais non-pas tant
grands comme l'alte de Mongarbay, ainsi cognoistras
les terres tout au long.

S'ensuiuent les routes & entrées des pors des Isles
de Saltes iusques à l'Isle de Laubay qui
est allant à Duelme.

Sçaches que gisent les Isles de Saltes & Tosquey est
nordest & oest suroest y a 4. lieues.

Sçaches que gisent Tosquey & l'Isle de Baldresi nordest & suroest, y a 38. lieues.

Sçaches que gisent Tosquey & Grigalo nord nordest
& sud suroest, prenant de nord & sud, & y a 20. lieues,
Tosquey est vne Isle comme Centol.

Sçaches qu'il y a vn banc de Tosquey iusques à Duelme & n'y a point d'entrée par ou l'on puisse entrer sauf
de la terre de Tosquey tu iras iusques au cap de Grigallo, il y a de Tosquey au cap de Grigallo, 20.
lieues.

Sçaches que si tu veux entrer par terre de Tosquey allant de terre du banc, prends la sonde d'Ababour & va
par les 7. ou 8. brasses iusques à ce que tu trouues vne
terre d'errochée qui se faict comme trancque à la riuiere de la mer, & ceste trancque à l'oest noroest de l'Isle
de Tosquey au sud, & auras à Tosquey 2. lieues &
demie : dela iras dessus la terre d'errochée, leue la sonde d'Ababour par les 7. ou 8. brasses iusques à ce que tu
sois à 5. ou 6. brasses, allors iras promptement au nord
& trouueras d'auantage d'eauë, prends de nordest, &
quand tu trouueras 9. ou 10. brasses tu iras au nord, &
ainsi iras au cap de Grigallo, & passeras de terre du banc
à demy lieue la verras rompue à Stibour.

Sçaches qu'il y a vn banc à vn quart de lieuë à la
mer, tu e lverras rompu, laiſſe le d'Ababour, & deſpuis
double le cap de Grigalo, & iras au long de la terre d'A-
babour au nord noroeſt cercher Alquey, y a vn Egliſe :
pour poſer entre l'iſle & le certam poſe à 10. ou 12.
braſſes, prends la mer pour entrer en Duelme, il y a du
cap de Grigallo à Alquey 8. ou 9. lieues.

Sçaches que deſpuis que tu auras paſſé Alquey, y a
vne terre haute qui ſemble Iſle, entre Alquey & ceſte
terre eſt l'entrée de Duelme, au cap de nord y a bon
paus de ſueſt iuſques au noroeſt : que ſi tu voulois poſer
quand tu auras doublé le cap va dedans iuſques que tu
ſois à trauers du vilage, ou à trauers du cay, poſe a 8. ou
9. braſſes, & ſi tu és à poſer a trauers du cay, poſe a 5. ou
6. b. conte la pleine mer, la Lune au ſueſt quart de ſud.

Sçaches que les Iſles de ſainct Pierre ſont entre Or-
dre & Laubay, & ſont deux Iſles petites & y a bon po-
ſoir, & ſi tu voulois poſer, poſe au cap à 10. ou 12. braſſes.

Sçaches que l'Iſle de Laubay eſt vne Iſle haute &
belle, & bon port par toutes pars : pour poſer poſe deuers terre pource qu'il ny a courent deuers la mer ny deuers terre, & y a vne bache : ne laiſſe de poſer pres de
terre pour entrer dans l'Iſle & poſe la ou te plaira au
plus ou moins, conte la pleine mer la Lune au ſud ſueſt,
& de terre de ceſte Iſle y a port de marée, ou les nauires
demeurent à ſec.

Sçaches que ſi tu veux entrer par marque, deſcouure
le Chaſteau de Grigallo qui eſt au cap de nord & y a vne
Egliſe, leue la deſcouuerte au corps d'vne voille, l'Egliſe deuers le nord, & le Chaſteau deuers le ſud, giſent à
l'oeſt noroeſt, va en ceſte marque par toutes pars & leue
la ſonde par les 8. ou 9. braſſes, & ſi tu voulois poſer en
Grigallo, poſe a trauers du Chaſteau a 7. braſſes.

Sçaches que ſi tu ne pouuois entrer par terre de Toſquey,

quey , iras cercher Grigallo par le nord nordeſt, ainſi
giſt le carreyo & leue la ſonde trouuant 18.ou 19. braſſes, prends de nordeſt & va cercher les vingt-cinq braſſes pour te garder du banc, ne t'aproches point à moins,
iuſques que tu tiendras vn mont à l'oeſt noroeſt tu pourras aller par marée & par iuſante noroeſt, & par nord
nordeſt.

Sçaches que ſi tu pars de Guiçalle, s'il y a marée iras
au ſueſt quart de l'eſt, & ſi eſt iuſante à l'eſt ſueſt: ainſi
iras par le milieu de l'entrée du banc iuſques à vingt-
cinq braſſes : allors ſeras dehors du banc ; leue pour
marque côme diƈt eſt deſſus l'Egliſe dehors du chaſteau
au cor d'vne voille de nauire iuſques à ce que tu ſois à
vingt-cinq braſſes , & deſpuis que tu ſeras là, iras au ſud
ſuroeſt iuſques à Toſquey, & de Toſquey iras aux Iſles
de Saltes , iras à l'oeſt ſuroeſt, & dela prends la route
quand ſeras dehors de la manche de ſainƈt George.

S'enfuiuent les trauerſes des Iſles de Saltes iuſques à Olier, Chriſtre & Beaulmares.

Sçaches que giſent les Iſles de Saltes & cap d'Olier
nordeſt & ſuroeſt quart de nord & ſud , y a 50.
lieues.

Giſent Olier & les deux Iſles qui ſont au cap de Galles, nord nordeſt & ſud ſuroeſt prenant de nord & ſud,
y a 35. lieues.

Giſent les deux Iſles à la mer a cinq lieues du cap de
Galles & la plus pres de terre eſt plus grande & ronde,
& l'autre ſemble vn nauire, cés Iſles & Gorſume giſent
eſt oeſt entre elles, & y a bon paſſage laiſſant à Gorſume deuers la mer, & les autres Iſles deuers Galles par
la manche de S. George.

Giſent Eſclanien & l'Iſle de Garmanſey nord & ſud
ya quatre lieues,

G

Item tu dois sçauoir qu'être les Isles de Saltes, & l'Isle de permersin qui sont au cap de Saudabij est suest & oest noroest, y a 24. lieues.

Gisent Baldresi & l'Isl. de Garmansey nordest & suroest, y a 18. lieues à Baldresi, tient pour cognoissance 2. Isles dehors du cap & y a bon passage entre elles & tient vn mont, à l'entrée y a vne Isle, bon passage par dedans, & si tu passes, par dehors garde toy d'vne bache qui iette à l'Isle à vn cable despuis que tu passes pourras poser à 20. brasses.

Item tu dois sçauoir que de Baldresi à l'entrée de Carabant, y a 4. l. gist ceste coste nord nordest & sud suroest du mont, qui est à trauers de Carabane, y à Holier 6. lieues, & gist le mont & cap d'Holier noroest & suest quart de nord & sud, & le cap d'Holier se faict comme le cap de Toro, y a dessus vn espillon, & y a vne Isle au pres de sud suroest, la terre de l'entrée de Carabane iusques à Holier, & est la terre raze, Holier se faict de loing comme à costes d'Isle.

Gisent les Isles de Baldresi & cap d'Holier nord & sud, y a 12. lieues, en ceste entrée de Carabane y a des monts qui sont à l'entour de dedans Carabane iusques à Beaulmares.

Item le cap d'Holier est tout sain, y a par dessus bon posoir, le clocher à l'oest suroest, & la pointe de l'oest noroest quart de nord, tiendras à Biglo à l'oest noroest iusques au nordest, venant d'Holier ; garde toy d'vne bache qui est couuerte, & est mauuaise.

Gisent Holier & l'Isle de Curi, nord & sud quart de nordest & suroest, y a 2. lieues, & se faict l'Isle comme vn pic sarra', de ceste Isle à l'hermite y a 6. lieues, & y a bon paus par toutes parts, & gisent est nordest & oest suroest.

Gisent le cap de l'hermite & l'Isle de Beaulmares noroest & suest quart de l'est oest, y a 4. lieues à l'entrée

de la pointe de Beaulmares, l'Isle iette dehors à la pointe, & y a vne bache haute qui paroist despuis d'vn quart
de iusante deuers le Certam ietté les pointes, & si tu y
voulois entrer as de tenir descouuert le cap de suest longueur d'vn alazabre iusques que tu passes la première
pointe du certan serre toy deuers Stibour à la mesme
sonde, & ne vas dessus le chenal pour-ce qu'il y a des
baches.

Ité tu dois sçaucir que l'Isle de Beaulmares à Goyene, y a 2. lieues, gisent nordest suroest, la Goyene est
terre haute & semble vne Isle, & tiendras Abiglo de suest iusques à l'oest; pose à 5. brasses, mais elle n'est pas
nette, deuant l'hermite est nette.

Item tu dois sçauoir que de Beaulmares a chistre leue
la goyene par ce cap qui est a vne lieue, plus leue chistre
descouuert longueur d'vne galleré, quand seras a l'entrée de la barre verras des chasteaux, & quand seront en
vn, seras au plus estroit, gisent la goyene & la pointe
de port menut est oest y a 8. lieues.

S'ensuiuent les cours au long de la coste de Galles iusques à Scossie.

TV sçauras que de Caldey iusques à Sélauien viet la
marée de noroest, & entre Sclauien & guolsumi viet
la marée de sud par toute la fosse de la coste de galle ; de
Matizalles iusques à Holier, vient la marée de sud ;
prends la routte de suroest.

Item tu dois sçauoir que d'Holier iusques à l'Isle de
Man, vient la marée de suroest au long de l'Isle de Man
iusques dedans les 2. pars de l'Isle, & vient la marée de
sud, sur oest.

Item tu dois sçauoir qu'à l'Isle de Man & Scosie, viet
la marée de l'oest, à la coste d'Escosie iusques au mont
calbij, vient la marée de l'oest suroest.

G ij

Item de mont Calbij iusques à la pointe de Flocestã, vient la marée de nort noroest.

Item de la pointe de Flocestan iusques à Caũr, vient la marée de sud suroest, & dehors l'Isle d'Alsey, vient la marée de sud quart de suroest.

S'ensuinent les lieues des Ysles de Saltes iusques au cap de Quil.

TV sçauras que de Saltes à Gatafurde, y a	4. l.
De Gatafurde à Yocle,	10. l.
De Yocle à Cabobiezo,	10. l.
De Cabobiezo à port Venture,	6. l.
De port Venture à 7. Chasteaux,	1. l. ?
De 7. Chasteaux à Valentinor,	3. l.
De Valentinor au cap de Clare,	3. l.
De Corcam à la rocque Fastanay,	2. l.
De cap de Clare au cap Mar,	4. l.
De cap Mar au cap Vizen,	10. l.
De cap Vizen aux Calmes,	7. l.
Des Calmes à Duigle,	8. l.
Des Calmes à les Brasquey,	6. l.
De les Carmellos à l'Isles de Roqueh,	7. l.
De Brasqueys au Haure d'Esmeric,	3. l.
De Brasqueys au cap d'Esmeric,	13. l.
De l'Esmeric aux Isles d'Arene,	12. l.
De Brasquey à l'Isle Dara,	20. l.
De Brasquey au cap de Quil.	43. l.

S'enſuiuent les degrez d'Eſpagne
& Portugal.

Le cap d'Eſparcel,	36.
Le cap de ſainct Vincent,	37.
Le cap d'Eſpichis,	38. $\frac{1}{4}$
Sainct Iuar,	39.
La Berlinge,	40.
L'Alta de Mondego,	40. $\frac{1}{2}$
Port de Portugal,	41. $\frac{1}{2}$
Les Isles de Bayonne,	42. $\frac{1}{4}$
Le cap de Finiſterres,	43. $\frac{1}{4}$

Degrez de France.

Bayonne,	44.
Arcquaſſon,	45.
Les Aſnes de Bourdeaux,	46.
Le cap des Ballennes,	46. $\frac{1}{4}$
L'Isle d'Vges,	47.
Berisle,	48. $\frac{1}{2}$
Sain,	48.
Surlinge & Aliſart,	49. $\frac{1}{4}$
Louday,	50.

Les Isles de Saltes,	51.	1/2
Gabobiezo,	52.	1/2
Le cap de Mar & le cap de Clare,	52.	3/4
Les Calmes,	53.	
Les Brasqueys,	53.	3/4
L'Isle d'Arenas,	54.	
Le cap d'Allene,	54.	3/4
Le cap Dequil,	55.	
Le cap Telin,	56.	1/2
L'Isle Dara,	57.	1/2
Les Isles de Torren,	57.	3/4

Degrez de terre neufue.

Cap de Breton,	45.	1/2
Les Isles de sainct Pierre,	46.	1/2
Cap de Ras,	46.	1/2
Vrmiche,	46.	2/3
Les Isles Despere,	47.	1/4
Cap Despere,	47.	1/2
Cap de Concesion,	48.	1/2
L'Isle de Bacalan.	48.	
Cap de bonne viste,	49.	1/2
Les Isles de fray Luys,	49.	2/3
L'Isle de Fogo,	49.	3/4

Les Isles de Corques,	49.	3/4
L'Isle Duc,	50.	1/4
Cap de S. Iean,	50.	1/2
L'Isle de Chibaux,	50.	1/2
Groye Berisles,	50.	1/2
L'Haure de S. Iullien,	51.	1/4
Cap de Graz,	52.	2/4
Berisle qui eſt au milieu de la baye	52.	1/4
Chaſteau & Croix blanche,	53.	1/2

S'enſuiuent les routes, lieues, ſondes, entrées, & cognoiſſances des ports de terre neufue ; que chaque pillotte qui fait ledit voyage doit ſçauoir pour ſe garder des lieux dangereux.

TV ſçauras que le cap de Breton, & les Isles de ſainct Pierre giſent eſt oeſt quart de noroeſt & ſueſt, y a 45. l.

Giſent le cap de Breton & l'Isle de ſable nord noroeſt & ſud ſueſt, y a 30. lieues.

Giſent le cap de Breton & le pertuis de Micqueton eſt oeſt, y a 42. l.

Giſent le cap de Breton & le Haure des Martires eſt nordeſt & oeſt ſuroeſt, y a 40. lieues: mais en ceſte route ne t'approches point de 2. l. à la terre pour cauſe, car il y a des baches au long de la coſte.

Giſent la Colombe de S. Pierre & le pertuis de Micquellon nord noroeſt & ſud ſueſt: y a 7. l.

Giſent les Isles de ſainct Pierre & le port de Belin, eſt oeſt quart de nordeſt & ſuroeſt, y a 6. l.

Gisent le port de Belin & S. Laurens, est suest & oest noroest, y a 6. l.

Gisent les Isles de S. Pierre & le cap de S. Marie est oest quart de noroest & suest, y a 3 2. lieues, & prendras en ceste routte plus de noroest & suest.

Gisent cap de S. Marie & Plaisance nord nordest & sud suroest, y a 9. l.

Item tu dois sçauoir que quand tu iras du cap de S. Marie, en ceste routte de nord nordest, tu trouueras vne pointe longue qui se nomme Amigaiz dela à Plaisence y a 4. lieues, & du cap de S. Marie 5. lieues, apres que tu auras passé ledit Amigaiz, tu trouueras Plaisence, la premiere baye deuers Stibour.

Item tu dois sçauoir que des requestes de Plaisence, il y a 4. Isles au milieu du chemin entre la pointe d'Amigaiz & Plaisence & lesdites Isles sont demy lieue & 2. lieues de Plaisence, & entre les dictes Isles, & entre Plaisence y a vne bache couuerte qui est fort mauuaise, car il n'y a que 2. brasses & demie d'eau, & ladite bache est vne demy lieue de la pointe de Plaisence, & gist ladite bache est nordest & oest suroest.

Gisent le haure des Martires & Plaisèce est oest quart de noroest & suest, y a 16. lieues.

Gisent S. Laurens & les baches de S. Marie noroest & suest quart de nord & sud, y a 20. lieues.

Gisent la montaigne qui est à l'entrée de S. Laurens, & le cap de S. Marie noroest & suest, y a 15. lieues.

Gisent le cap de S. Marie, & les baches de S. Marie nordest & suroest quart de l'est oest, y a 2. lieues.

Gisent le cap de S. Marie & le port de Perche nord nordest & sud suroest, y a 2. lieues.

Gisent le cap de S. Marie & le cap de Ras noroest & suest quart de l'est oest, y a 19. lieues.

Gisent le cap de S. Marie & le cap de Pene noroest & suest quart de l'est oest, y a 1 2. lieues.

Gisent le cap de Ras & le cap de Pene est oest quart de noroest & suest, y a 9. lieues.

Item tu dois sçauoir que si tu ez 2. lieues à la mer sus le cap de Ras allant à oest noroest, tu iras querir les Isles de S. Pierre en route de 42. lieues.

Gisent le cap de Pene & le port de Espache nordest & suroest, y a 3. l.

Item tu dois sçauoir que despuis le cap de Ras iusques aux Isles de S. Pierre, & de la iusques à cap de Breton, la coste gist est suest & oest noroest, y a du cap de ras à cap de Breton 87. l.

S'ensuiuent les routes pour la coste de nordest & suroest,
entre le cap de Ras & Bacallan, dure la coste 32. l.

Sçaches que le cap de Ras & les baches de cap de Ras gisent nord noroest & sud suest. y a 35. l.

Gisent le cap de Ras & Bacallan nordest & suroest quart de nord & sud, y a 32. l.

Gisent le cap de Ras & le cap Despere nord & sud quart de nordest & suroest, y a 18. l.

Gisent le cap Despere & Bacallan nord & sud quart de noroest, y a 14. l.

Gisent le cap de bonne viste & Bacallan, nord & sud, y a 12. l.

Gisent Bacallan & le port de S. Catherine noroest & suest quart de nord & sud, y a 9. l.

Gisent Bacallan & l'Isle de Pinguin nord & sud quart de nordest & suroest, y a 32. l.

Gisent le cap de bonne viste & l'Isle de Pinguin nord nordest & sud suroest, y a 18. l.

Gisent Bacallan & le cap de Concension nord & sud quart de nordest & suroest, y a 8. l.

Gisent Bacallan & Peyrucan, noroest & suest, y a 4. lieues.

Gisent Bacallan & le port de S. Iean de nord est suest & oest noroest, y a 7. lieues.

S'ensuivent les routtes pour la coste de nord noroest
& sud suest, du cap de bonne viste, aux Isles
de Fogo, dure la coste 35. lieues.

TV sçauras que le cap de Bonne viste & les Isles de Corques, gisent nord & sud quart de noroest & suest, y a 14. lieues.

Gisent les Isles de Corques & les Isles de S. Barbe nord noroest & sud suest, y a 15. lieues.

Gisent les Isles de S. barbe & les Isles de Fogo nord & sud quart de noroest & suest, y a 7. lieues.

Gisent les Isles de Fogo & l'Isle de Pingim est suest & oest noroest, y a 12. lieues.

Gisent l'Isle de Pingim, Groie & Berisles noroest & suest quart de nord & sud ; tu prendras plus de nord & sud, & y a 32. lieues.

Gisent l'Isle de Pingim & le cap de Grat nord noroest & sud suest, y a 45. lieues ; à ladite routte tu iras 2. lieues dehors le cap de Grat.

Gisent l'Isle de Corques & l'Isle de Pingim nordest & suroest quard de nord & sud, y a 14. lieues.

Item tu dois sçauoir. que si tu voulois aller des Isles de Corques aux Isles de Fogos, il te faut aller 9. lieues au nord, & autres 9. lieues au nord quart de noroest, y a 18. lieues.

S'ensuivent les routtes pour la coste de nord & sud,
depuis les Isles de Fogo iusques à Groye &
Berisles, en routte de 24. lieues

TV sçauras que les Isles de Fogo, Groye, & Berisles, gisent nord & sud, y a 24. lieues.

Gifent les Ifles de Fogo & cap de S. Iean noroeft & fueft & prends vn petit de l'eft oeft, y a 1 2. lieues.

Gifent le cap de S. Iean & l'Ifle de Pinguin noroeft & fueft quart de l'eft oeft, y a 2 o. lieues.

Gifent le cap de S. Iean, Groye & Berilles nord nordeft & fud furoeft, y a 14. lieues.

Gifent le cap de S. Iean, & les Ifles de Chibau nord & fud quart de noroeft & fueft, y a 5. lieues. & y a des baches fur les Ifles de Chibau demy lieue de la terre deuers l'eft.

Gifent les Ifles de chibau, groye, Berilles, nordeft & furoeft, y a 9. l.

Gifent les Isles de Chibau, & l'Isle qui eft fur le cap de S. Iean deuers l'eft du cap de nord noroeft & fud fueft, y a 6. l.

Gifent le cap de S. Iean, & le port de Flordelis, noroeft & fueft quart de l'eft oeft, y a 6. l.

Gifent le cap de S. Iean, & le port de Sege, eft oeft quart de nordeft & furoeft, y a vne lieue.

Gifent le cap de S. Iean & le port de Bacque eft oeft quart de noroeft & fueft, y a 3. l.

Gifent le port de Sege, & les Ifles de Chibau, nord & fud quart de nordeft & furoeft, y a 3. lieues.

Gifent le port de Sege,& le port de Flordelis, noroeft & fueft, tu prendras vn petit de nord & fud, y a 5.l.

Gifent le port de Flordelis, & le haure d'Orenge nord nordeft & fud furoeft, y a 5. l.

Gifent le cap de S. Iean, & Capenruge, nord & fud quart de nordeft & furoeft, y a 1 6. l.

Gifent Groie, Berilles & Capenruge, eft fueft & oeft noroeft, y a 4. l.

Gifent Groye, Berilles, & le cap de Grat, nord nordeft & fud furoeft, y a 1 4. l.

Gifent le cap de fud de Berilles, & le port de S. Iuilien, nord & fud quart de nordeft & furoeft, y a 8.l.

S'enfuiuent les lieues defpuis Capenruge iufques au cap de
Grat, la cofte gift eft nordeft & oeft furoeft, y a 14.

Sçaches qu'à ladite cofte entre Capenruge & le cap de
Grat, il y a 11. ports, lefquels font tous bons pour
les nauires, & n'y a point de requeltes en entrant aux
ports qui feront nommez à prefent.

Premieremét de capéruge au haure du petit maiftre ‌3. l.
Du haure du petit maiftre à S. Iullien, ‌‌2. l.
De S. Iullien aux Isles de Pecoz, ‌‌2. l.
De S. Iullien à la groffe montaigne, ‌‌3. l.
De la groffe montaigne à la Granelerie, ‌‌1. l.
De la Granelerie au port de Saubu, ‌‌2. l.
Du port de Saubu à Cheine, ‌‌1. l.
De Cheine à cap blanc, ‌‌1. l.

Sçaches qu'il y a vne bache à deux tiers d'vne lieue fur
le port de Cheine, gilt eft fueft & oeft noroeft.

De cap blanc à Bayedroget, ‌‌1. l.
De Bayedroget à Carbon, y a ‌‌1. l.

De Carbon au cap de Grat, y a vne lieue, sçaches que
tu n'as point de danger entre lefdits ports nómez à prefent finon au cap de Grat, il y a deux entrées l'vne gift
nord noroeft & fud fueft, & l'autre nordeft & furoeft:
car il y a vne bache au milieu de l'étrée. garde toy d'elle
& range toy deuers ce bort ou Ababour.

Item tu dois sçauoir qu'à l'autre entrée du cap de Grat
qui eft nord noroeft & fud fueft, il y a vne bache plate
defpuis que tu ez entré dedans deuers furoeft, à l'entrât
va tout droit à la grande Ifle dedans le port mefme, &
renge toy à la petite Isle qui eft deuers Eibour.

S'enfuiuent les routes du cap de Grat iufques aux Ifles de la
grand baye, toute la baye gift eft oeft.

Sçaches que du cap de Grat iufques à Beaulfanim, y a
30. lieues, & quand tu voudras aller du cap de Grat à

Beaulſanim, va à oeſt quart de noroeſt,& quand tu voudras ſortir dehors viens à l'oeſt quart de nordeſt, à cauſe
des marées & courans qui ſont dedans en routte de 30.
lieues.

Giſent le cap de Grat & le Chaſteau noroeſt & ſueſt
quart de nord & ſud, y a 10.!.

Giſent le cap de grat & la baye de Sacure, eſt oeſt
quart de nordeſt & ſuroeſt, y a 4. lieues.

Giſent le cap de grat & la pointe baſſe eſt oeſt, y a 7.
lieues.

Giſent le Cap de grat & Boytus noroeſt & ſueſt quart
de l'eſt oeſt y a 16.l.

Giſent le chaſteau & Berille noroeſt & ſueſt quart de
l'eſt oeſt, y a 5.l.

Giſent le cap de grat & Berille qui eſt au milieu de
la baye nord & ſud prenant de nordeſt ſuroeſt, y a 7.
lieues.

Giſent la pointe baſſe & Boytus noroeſt & ſueſt, y a
10. lieues.

Giſent la pointe baſſe & le chaſteau nord nordeſt &
ſud ſuroeſt y a 8.lieues,& y a vne bache couuerte à l'entrée du chatteau deuers Ababour, viens pres de la petite Iſle.

Giſent le Chaſteau & Boytus eſt oeſt quart de nordeſt & ſuroeſt, y a 12. lieues, & entre le Chaſteau &
Boytus il ny à point de ports pour demeurer des nauires
ſi non vne pointe qui eſt au milieu du chemin laquelle
ne vaut rien pour les nauires, & eſt mauuais lieu, ſçaches que tu ne trouueras point de ports iuſques à Boytus, & trouueras à Boytus vne bache couuerte qui eſt
fort d'angereuſe, giſt noroeſt & ſueſt quart de l'eſt
oeſt, de la grande Iſle de Boytus, & deuers la mer de
l'Iſle de Flors à vn traict de bombarde, tu pourras bien
paſſer deuers la terre d'elle, ſi tu viens au long

de la terre du Chasteau deuers oest.

Item de Boytus au port de Ballenne, y a vne sleuë, & à Boytus sur la pointe d'oest, y a vne bache couuerte aucune foys, tu pourrois bien passer deuers la terre d'elle mais garde toy de la bache.

Item du port de Ballenne iusques à Furx, y a trois lieues, & sçaches qu'il y a deux grandes Isles allant de Furx à trauers de l'Isle qui est deuers oest.

Item de Furx à Samadeg, y a 2. lieues petites, & de Samadeg à l'eau forte la ou demeurent les nauires, y à 2. lieues petites.

Item de l'eau forte iusques à Beaulsablom, y a 3. l. & sçaches qu'il y a vne baie entre les deux qui est fort mauuais lieu, car la mer rompt tout dehors quand le vent est suroest, il y a de Beaulsanim iusques à la baye vne lieue petite.

Item au pres de Beaulsanim deuers est nordest à trauers de quelques petites Isles sont deux baches couuertes qui sont dangereuses, & pour t'en garder quand tu viendras à Beaulsanim & seras à trauers du sable, de premier faits enuoyer deruers oest, tu n'auras dáger de riē.

Gisent Beaulsanim & l'Isle Denser est nordest & oest suroest, y a vne lieue.

Gisent l'Isle Danser & Brest noroest & suest quart de l'est oest, y a 6. l.

Item tu dois sçauoir que de Beaulsanim aux Isles, y a 2. lieues, & si tu vçulois aller de Beaulsanim aux Isles auec le nauire, garde toy de la pointe prime: car au dessus d'elle la mer rompt vne terre d'vne lieue, & ne t'approches point iusques à tant que tu l'auras passé bien auant deuers oest & t'arrangeras fort à l'Isle Danser, n'ayes point peur de la pointe prime, & au pres l'Isle Danser, au pres des Isles y a entre elles vne bache au millieu de la baye & est couuerte, & si tu ne frappes n'auras danger de rien.

Item des Isles iusques à Droget, y a 2. lieues & y a des baches couuertes & fort dangereuses sus le Droget, & quand tu iras à Droget auec le nauire garde toy des baches,

Item de Droget à Cradou y a vne lieue, & y a des baches sus le Droget vne demy lieue deuers la mer qui sōt couuertes : garde toy d'elles quād tu iras auec le nauire.

Item tu dois sçauoir que de gardon à Sachobodege y a vne petite lieue, à l'entrant de Sachobodege, & y a force baches deuers la mer, garde toy d'elles, les gens y font bien besoin.

Item de Sachobodege iusques à Brest, y a 2. lieues, & y a des baches entre les deux, garde toy d'elles

S'ensuiuent les lieues qui sont du cap de Ras à Bacallan,
gist la coste nordest & suroest.

TV sçauras que du cap de Ras iusques à Vrrimche, y a 7. lieues. à vne lieue d'Vrrimche y a vne bache descouuerte, tu n'auras point de danger de la bache si tu ne la touches, elle est basse & est deuers le sud suest d'Vrrimche.

TV sçauras que d'Vrrimche a Fermosse, y a	1. l.
De Fermosse a Fortleau,	1. l.
De Fortleau, à Farrillon,	1. l.
De Farrillon aux Isles Despere,	4. l.
Des Isles Despere a Baye de Bour,	2. l.
De Baye de bour au petit port Despere,	2. l.
Du port Despere au port de S. Iean,	2. l.
Du port de S. Iean à cap de Concension.	4. l.
Du cap de Concension à Bacallan,	8. l.

S'enfuiuent les cognoiſſances des ports de terre neuſue :
deſpuis le cap de Breton iuſques au cap de Gras.

TV ſçauras que Bacallan , a deux grandes Bayes deuers le ſud, l'vne eſt deuers Concenſion , & l'autre
deuers le nord.

Sçaches que le cap de Bonne viſte a deux petites Iſles
dedans la Baye, & le cap eſt fort long.

Sçaches que aux Iſles de Corques il y a 2. Iſles : l'vne
deuers la mer qui ſont pres l'vne de l'autre & ſont razes,
& leſdites Iſles ſont pleines d'anches , & deuers le nordeſt des Iſles , y a vne petite Iſle qui a vn farrillon deuers le ſud de la petite Iſle ,& deuers le nord nordeſt y a
force rocques qui durent 4. lieues , & pour te garder tu
iras 3. lieues au nordeſt , prends de l'eſt & n'ayes point
de peur.

Sçaches que l'Iſle de Fogos, le cap eſt fort long , &
deuers l'eſt ſur le cap de Fogos à vne ou 2. lieues , y
ſont 11. Iſles.

Sçaches que l'Iſle de Pinguin a deux petites Iſles deuers le nordeſt , & deuers vn quart de lieue deuers oeſt
ſuroeſt , y a des baches, quand la mer eſt belle , elles ne
paroiſſent point , garde toy d'elles.

Sçaches que des Iſles de Fogos iuſques au cap de S.
Iean , il y a 12. lieues , & entre les deux il y a vne baye :
mais il n'y a point de lieu pour demeurer des nauires,
il y a 4. lieues des Iſles de fogos deuers le noroeſt 8: la
ou il faict le cap aupres de luy, & y a deux petites Iſles
l'vne dehors dudict cap deuers la mer, l'autre petite tout
dedans deuers la terre, & ledit cap ſe faict comme vn
Certam, mais c'eſt tout Iſle qui paſſe de l'autre golfe deuers noroeſt dudit cap.

Sçaches que pour cognoiſtre le cap de S. Iean, il a vne
grande lieue deuers l'eſt & y a vne iſle & vn farrillon
deuers

deuers l'eſt.

Sçaches qu'il y a vne grande baye entre ce cap, & le cap de S. Iean il y a 3. lieues dudit, & 6. lieues du cap de S. Iean, & pour le cognoiſtre tu dois ſçauoir que le cap deuers ſueſt eſt fort long & haut à cauſe qu'il a 4. Iſles ſemblables à celles de Ortiguero, il y a vne grande Iſle a demy lieue dudit cap deuers la mer deuers l'eſt à ladite baié & ny a point de ports tant ſeullement pour vn gallion.

Sçaches que pour cognoiſtre les iſles de Chibaux elles ſont grandes, Groye & Berilles y ſont eſt oeſt, les deux iſles & celle là qui eſt deuers l'eſt, eſt plus grande que nonpas l'autre, & ce faiſt comme la pointe du Figuier, & y a 2. petites iſles tout ioignant la pointe de l'eſt, & ſur la pointe de l'eſt iuſques a deux tiers d'vne lieue, il y a force baches, garde toy d'elles.

Sçaches que pour cognoiſtre le port de Flordelis, y a vne grande montagne à l'entrant deuers oeſt, qui ſemble comme vne fleur de lys.

Sçaches que pour cognoiſtre Groye & Berilles, ils ſont quatre lieues deuers la mer de Capenruge, & ſur le cap de Berille deuers le ſud y a deux petites Iſles entre le Certam & Berille.

Sçaches que pour cognoiſtre le cap de Grat ſi tu és deuers le nord de cap de Grat, le cap ſe fait comme vne pointe longue, & deuers le nord il eſt plus grand qu'il n'eſt deuers le ſud, il y a vn farillon qui tient deux enſemble comme de ſainct Home.

Sçaches que deuers le ſud de cap de Grat vne lieue à la mer y a deux Iſles petites qui ſont pres l'vne de l'autre & y ſont racoz; deuers l'eſt deſdites Iſles y a des baches, & ſi tu ne frappe les baches tu n'auras danger.

Sçaches que pour cognoiſtre Berille qui eſt au milieu de la baye, la pointe qui eſt deuers le ſud ſe fait lōgue, & ſur la pointe y a 3. trenclades, deuers la pointe

H

de nord se fait long & bas, il y a 2. farrillons, & y a vne bache tout au bout deuers la pointe de nord.

Sçaches que si tu veux cognoistre le Chasteau, il y a vne grande montagne qui est plus grande que ne sont les autres & à laute montagne il y a deux farillons comme de san & Home, & y a vne bache à l'entrat deuers Ababour & est couuerte aucunes fois, garde toy d'elle.

Sçaches que pour cognoistre Boytus, depuis le Chasteau iusques à Boytus, tu ne trouueras point tant seulement vn bois tout au long de la terre sinon à vne grande lieue de Boytus deuers l'est, & cela auprès deuers oest vne lieue, tu trouueras vn grand boscage, la est le port de Boytus.

Sçaches que pour cognoistre Sachobodege, il y a vne grande montagne au milieu la ou demeurent les nauires, & ladite montagne est toute ronde & semble le Chasteau, & y a des baches au milien de l'entrée, garde toy d'elles.

Sçaches que pour cognoistre le port de Cradon, il y a vne petite Isle qui a 3. farilons tout au bout la ou demeurent les nauires, entrant deuers Stibour est bon lieu au port.

Sçaches que pour cognoistre les Isles de S. Pierre, il y a deux grandes Isles, il y a de plus vne autre Isle que nous appellons Colombeire à cause qu'il y a forces anches, & deuers l'est de ladite Colombeire vne grande lieue, il y a vne petite Isle que nous appellons Isle Dargentine, il y a deux autres entrées aux Isles de S. Pierre, l'vne est sud & l'autre est fort estroite, il y des baches fort couuertes qui sont fort dangereuses, l'autre est fort large & bonne, & y a force baches couuertes deuers babour & deuers sud suest de l'Isle, quand tu viens dedans range toy deuers Stibour ou par le milieu, alors n'auras danger de rien.

*S'enfuinent les sondes de terre neufue depuis les Isles de sainct
Pierre iusques au cap de Gras.*

SCaches que quand tu auras 80. lieues au cap de Ras
tu trouueras sable blanc, & quand tu iras du cap de
Ras à oest noroest, tu auras autant de lieues à terre comme de brasses, & trouueras sonde iusques à terre.

Sçaches que quand tu auras Christal tu seras entre le
cap de Ras & Concension.

Sçaches que quand tu seras est suest & oest noroest du
cap de Ras, tu trouueras 107. brasses, sable menu, au
plomb coup de pierre.

Sçaches que quand tu seras sur le cap de Ras à 60. br.
trouueras sable meslé rouge, & Cristal menu.

Sçaches que quand tu seras sur le cap de Ras à 50. br.
tu auras Cristal & sable menu comme mil petit & gros
aussi.

Sçaches que quand tu seras sur le cap de Ras à 40. br.
auras Cristal plus gros que le mil.

Sçaches que quand tu seras est suest & oest noroest du
cap Despere à 55. lieues de la terre, tu trouueras 130.
brasses toute basse.

Sçaches que quand tu seras à 40. lieues du cap Despere, tu trouueras 80. brasses, caillou plat & noir cristal, plus au milieu du plomb comme mil.

Sçaches que quand tu seras dessus le cap Despere. à
28. lieues de la terre trouueras 60. brasses & tu seras
bien tost à la pergime de la terre, & si tu tronues dans
20. lieues, tu iras au long de la pergime de la terre deuers le cap de Ras.

Sçaches que si tu és sur le cap de Concension ou sur
Bacallan, tu trouueras à la sonde pierre au plomb, & 40.
ou 35. lieues à terre.

Sçaches que quand tu auras passé le banc de Bacal-

Iao, tu trouueras six-vingts ou cent brasses.

Sçaches que quand tu seras sur le cap de Concensió, tu trouueras fort profond à vne lieue de terre, tu trouueras six-vingts brasses.

Sçaches que quand tu seras au cap de S. Iean, tu trouueras sonde mesme grosse & coup de pierre au plomb.

Sçaches que quand tu seras est suest & oest noroest de fray Loys quaráte-neuf degrez & den.y vingt lieues de la terre, tu trouueras cent ou huictante-cinq brasses, & si tu cours dela au noid quart de noroest, tu iras querir les Groye & Berilles, y a quarante lieues.

Sçaches que quand tu seras est suest & oest noroest du cap de bonne viste à quarante-neuf degrez, tu auras cét quarante brasses, bas molle, & tu auras à terre vingt-sept ou trente lieues.

Sçaches que quand tu seras est suest & oest noroest des Isles de Chibaux à 50. degrez & demy vingt lieues de la terre, tu trouueras cent vingt-cinq brasses au plôb coup de pierre, & si tu cours dela au noroest quart de nord, tu iras querir Groye & Berilles;tu auras à terre vingt-sept ou trente lieues.

Sçaches que quád tu seras est oest de Groye & Berilles quarante lieues allant à la mer tu auras cent soixante brasses, & depuis dela iusques à terre, tu trouueras à la sonde cent quarante ou cent vingt ou cent brasses.

Sçaches que quand tu seras quarante-cinq degrez & deux tiers noroest & suest quart de nord & sud à 35. l. du cap de Ras tu auras 35. brasses à la sonde, de cristal, coral, trinctade au milieu, & depuis dela en ceste route tu trouueras si sondes tousiours iusques à 35. brasses, sengal comme grans de pommiers callau plat, & quand approcheras à terre vingt-cinq lieues, tu auras quarante cinq brasses & piez rude au milieu sable rude & noir.

S'enſuiuent les cognoiſſances des oyſeaux quand tu ſeras ſur le banc de terre neufue.

Sçaches que par tout le chemin de terre neufue quand tu ſeras approché cent lieues de la terre, tu trouueras de grands oyſeaux qui ne peuuent bouger, depuis faits bon guet à terre.

Sçaches que quand tu ſeras approché au banc de terre neufue tu trouueras aſſez d'oyſeaux blancs, & tu trouueras le banc, ſi tu és de Bacallan tu ſeras deuers le ſud.

Sçaches que ſi tu ſondes au cap du banc deuers l'eſt deſſus Bacallan, tu n'auras que 60. ou 70. lieues à terre.

Sçaches que quand tu ſeras approché à terre, tu trouueras de petits poteros dix ou quinze au coup, alors faits bon guet à terre.

S'enſuiuent les routes, requeſtes & dangers des ports de terre neufue.

Sçaches que quand tu ſeras au cap de Ras à vingt-cinq lieues allant au noroeſt & ſueſt allant à la mer, il y a de mauuaiſes baches, & la mer rompt en trois lieux; garde toy d'elle.

Sçaches qu'au cap de S. Marie 2. lieues allant à la mer y a des baches qui ſont couuertes; garde toy d'elles

Sçaches qu'entre le cap de Ras & Bacallan, ny a point de requeſtes iuſques à terre, ſinon deuers ſud ſueſt Durrimche à vne lieue allant à la mer, & y a vne bache deſcouuerte; garde toy d'elle.

Sçaches qu'entre le cap de bonne viſte & entre les Iſles de Fogos y a fort mauuais lieu: car aux Iſles de Corques y a force baches couuertes & deſcouuertes quatre

lieues de terre allant nord nordest , & sçaches que si
tu és au port mesme de Corques , & si tu voulois aller
au nord va nordest & prends de l'est : alors ne te soucie
des baches en ceste route allant le nord.

Sçaches qu'entre les Isles de Fogos & entre Groye &
Berilles, ny a point de requestes iusques à terre , sinon
des Isles de Chibaux il y a des baches sur la pointe deuers l'est à demie lieue allant à la mer, dauantage entre
les Isles de Groye & Berilles & l'isle de Fogos y a 5.
bayes.

Sçaches que deuers le noroest de Groye , il y a vne
pointe qui est fort mauuaise, le lieu est petit, garde toy
d'elle.

Sçaches que le port de Chene à vne petite lieue allant est suroest, il y a vne bache fort mauuaise , garde
toy d'elle.

S'ensuiuent les routes & entrées des ports de terre neufue.

Sçaches que gisent l'entrée de S. Marie, nord noroest
& sud suest.

Gisent l'entrée de Trespache, nordest & suroest.

Gisent l'entrée de Durruiche, noroest & suest, & entrant deuers Stibour, y a des baches couuertes, garde
toy d'elles.

Gisent l'entrée de Fermosse, noroest & suest.

Gisent l'entrée de Fortleau, noroest & suest.

Gisent l'entrée de Farrillon, noroest & suest.

Gisent l'entrée de port de sainct Iean, est oest.

Gisent l'entrée des Isles de Corques, nord & sud.

Gisent l'entrée de port de Sege, noroest & suest.

Gisent l'entrée des ports de Bacque, est suest & oest
noroest.

Gisent l'entrée de port de Flordelys, noroest & suest.

Gisent l'entrée de Cambuete, est oest.

Gisent l'entrée de Capéruge, est suest & oest noroest.

Giſent l'entrée du haure du petit Maiſtre, eſt ſueſt &
oeſt noroeſt.

Giſent l'entrée de S. Iulien, nord & ſud.

Giſét l'étrée de Gramallerie, eſt ſueſt & oeſt noroeſt.

Giſent l'entrée des Iſles de Pecoz, noroeſt & ſueſt.

Giſent l'entrée de port de Saubu, nord & ſud.

Giſét l'étrée de port de Cheſne, nord noroeſt & ſueſt

Giſent l'entrée de cap Blanc, nordeſt & ſuroeſt.

Giſent l'entrée de Baye de Oger, eſt oeſt.

Giſent l'entrée de Carbon, eſt oeſt.

Giſét l'étrée de cap de Grat l'vn des deux, nord & ſud

Giſét l'autre entrée du cap de Grat nordeſt & ſuroeſt

Giſent l'entrée de Baye de Secure nordeſt & ſuroeſt

Giſent l'étrée de Gateau, nord nordeſt & ſud ſuroeſt

Giſent l'entrée de Boytus, nordeſt & ſuroeſt.

Giſent l'entrée de Baye de Balenne qui eſt aupres de
Boytus, vn port qui ſe nomme port de Ballenne, il eſt
nord & ſud.

Giſent l'entrée de Furx, eſt nordeſt & oeſt ſuroeſt, &
y a vne bache deuers ſud ſueſt tout ioignãt la pointe dehors, garde toy d'elle, car elle eſt mauuaiſe.

Item tu ſçauras qu'à l'entrée de Furx & des 2 grádes
Iſles qui ſont la aupres de Furx, il y a 4. baches qui ſont
mauuaiſes, elles ſont nordeſt & ſuroeſt de la grãt iſle
qui eſt vers l'eſt, & y a 2. grádes Iſles ou ſont les baches.

Giſent l'entrée de Samadag, eſt nordeſt & oeſt ſuroeſt.

Giſent l'entrée de Baye des Ballennes, nord nordeſt
& ſud ſuroeſt.

Item tu ſçauras que le port de Beaulſanim, eſt à vne
couche qui eſt découuerte de tout téps, mais c'eſt v n port
& bóne tréche, ſable net, giſt l'entrée des Iſles eſt oeſt.

Item de l'Iſle Danceus, il y a vn port duquel l'entrée
eſt l'Iſle de bois eſt toute deſcouuerte de tout temps &
eſt ſalle au fons.

Item tu dois ſçauoir que des Iſles aux Iſles Danceus au milieu du chemin y a vne bache deſcouuerte,& quád la mer eſt grande elle rompt.

Giſent l'entrée du port Droget noroeſt & ſueſt.

Giſent l'entrée de Cradon nord & ſud, & dehors y a des baches à l'entrée deuers la mer.

Giſent l'entrée de Sachobodege eſt nordeſt & oeſt ſuroeſt,y a des baches deſcouuertes qui ſont mauuaiſes.

Giſét l'étrée de Breſt nordeſt & ſuroeſt,& n'y a point de requeſtes iuſques à terre,prés garde d'elles en entrât.

Item tu dois ſçauoir que quand tu voudrois ſortir par dedans le ports de Carbon pour aller à la grand baye, garde toy des baches qui ſont au bout de l'Iſle, la plus grande terre eſt deuers Carbon au long de la riuiere,& porte les marques toutes fermes l'vne pour l'autre,alors n'auras danger de la bache , & quand ſeras tant auant comme la bache, tu auras les deux caps qui ſont deuers oeſt l'vn pour l'autre, il y a deſſus la bache vne braſſe & demie,giſt la bache eſt oeſt.

S'enſuit ce preſent regiment pour prendre la hauteur du Soleil & de l'eſtoille de nord pour les terres neufues: Sçaches que la terre neufue n'eſt pas comparée à celle de noſtre pays,à cauſe qu'il fait mouuemét à terre neuf-ue:car le Soleil nous l'auons en noſtre pays le plus haut au ſud , & l'eſtoille de nord à nord, & à terre neufue nous auons le Soleil au plus haut au ſud ſuroeſt , & l'eſtoille de nord à nord nordeſt,& pour cela n'eſt pas có-parée auec celle de noſtre pays.

Sçaches que pour prendre ton alture tu prédras pour l'eſtoille de nord à nord nordeſt,l'alture que tu prédras pour le trouuer, tu dois aller à oeſt noroeſt : car ſi tu va à Veſt en poſant, tu trouueras à Veſt, tu ne trouueras point pour raiſon que le Soleil & l'eſtoille ſont mouue-ment ainſi que ie t'ay declaré à preſent.

F I N.

S'enfuit le prefent regiment pour prendre l'alture
de l'eftoille de nord pour adioufter ta decli-
naifon quand tu feras en ces quatre
bancs, qui feront nommez à
prefent.

Caches que quand tu prendras ton alture, quand les
gardes feront au noroeft tu adioufteras demy degré
de ton alture que tu prendras,& quand les gardes feront
au noroeft les deux gardes feront nord & fud, alors iras
bien.

Sçaches que quand tu prendras ton alture, quand les
gardes feront au nord, il faut que tu adioufes trois degrez à ton alture que tu prendras, & quand les gardes
feront au nord, les gardes y feront nord & fud, alors
tu iras bien.

Sçaches que quand tu prendras ton alture quand les
gardes feront au noroeft, il faut que tu adioufes trois
degrez & demy à ton alture que tu prendras, & quand
les gardes feront au nordeft les deux gardes feront eft
oeft, alors iras bien.

Sçaches que quand tu prendras ton alture quand les
gardes feront à l'eft, il faut que tu adioufes vn degré &
demy à ton alture que tu prendras les gardes quand feront à veft, les gardes y feront eft veft, alors iras bien.

S'enfuit le present regiment pour prendre ton
alture : il est autre compte pour oster de ton
alture declinaison qui sera declaré à
present en ces quatre bancs,
qui seront nommez.

SCaches que quand tu prendras ton alture, quand les
gardes seront au suest, il faut oster vn demy degré
de ton alture que tu prendras, & quand les gardes seront
au suest, les deux gardes seront nord & sud, alors iras
bien.

Sçaches que quand tu prendras ton alture, quand les
gardes seront au sud, il faut que tu oste trois degrez de ton alture que tu prendras, & quand les gardes
seront au sud, les gardes seront nord & sud, alors tu
iras bien.

Sçaches que quand tu prendras ton alture quand les
gardes seront au suroest, il faut oster trois degrez & demy de ton alture que tu prendras, & quand les gardes
seront au suroest les deux gardes seront est oest, alors
iras bien.

Sçaches que quand tu prendras ton alture quand les
gardes seront à vest, il faut oster vn degré & demy de
ton alture que tu prendras, & quand seront à vest, les
deux gardes seront est vest, auec l'estoille de nord, alors
iras bien.

S'ensuiuent les tables de la declinaison, ou éloigne-
ment que fait le Soleil de la ligne Equinoctiale
chacun iour des quatre ans, tant à la partie du
nord, comme du sud.

Ianuier.			Feurier.			Mars.		
iours	degr	min.	iours	degr	min.	iours	degr	min.
1	21	52	1	14	0	1	3	41
2	21	42	2	13	40	2	3	18
3	21	32	3	13	22	3	2	54
4	21	22	4	13	0	4	2	31
5	21	10	5	12	39	5	2	7
6	21	0	6	12	18	6	1	44
7	20	47	7	11	58	7	1	20
8	20	35	8	11	37	8	0	56
9	20	22	9	11	16	9	0	31
10	20	10	10	10	54	10	0	9
11	19	57	11	10	31	11	0	15
12	19	42	12	10	10	12	0	39
13	19	28	13	9	47	13	1	3
14	19	13	14	9	26	14	1	27
15	19	0	15	9	4	15	1	51
16	18	45	16	8	41	16	2	15
17	18	28	17	8	19	17	2	38
18	18	12	18	7	57	18	3	1
19	17	52	19	7	34	19	3	25
20	17	40	20	7	12	20	3	47
21	17	22	21	6	48	21	4	20
22	17	5	22	6	29	22	4	14
23	16	40	23	6	2	23	4	56
24	16	36	24	5	36	24	5	20
25	16	13	25	5	15	25	5	43
26	15	55	26	4	51	26	6	5
27	15	37	27	4	28	27	6	28
28	15	19	28	4	4	28	6	50
29	15	1				29	7	12
30	14	42				30	7	36
31	14	21				31	7	57

La declinaison du Soleil.
PREMIERE ANNEE.

Auril.			May.			Iuin.		
iours	degr	min.	iours	degr	min.	iours	degr	min.
1	8	20	1	17	52	1	23	8
2	8	41	2	18	8	2	23	12
3	9	2	3	18	23	3	23	16
4	9	24	4	18	39	4	23	20
5	9	47	5	18	53	5	23	23
6	10	7	6	19	7	6	23	26
7	10	20	7	19	21	7	23	28
8	10	51	8	19	33	8	23	30
9	11	12	9	19	47	9	23	32
10	11	32	10	19	56	10	23	33
11	11	52	11	20	11	11	23	33
12	12	12	12	20	24	12	23	33
13	12	31	13	20	35	13	23	32
14	12	49	14	20	46	14	23	31
15	13	8	15	20	58	15	23	30
16	13	28	16	21	10	16	23	28
17	13	48	17	21	20	17	23	26
18	14	8	18	21	30	18	23	24
19	14	28	19	21	40	19	23	22
20	14	47	20	21	48	20	23	19
21	15	7	21	21	57	21	23	15
22	15	24	22	22	5	22	23	11
23	15	43	23	22	13	23	23	7
24	16	0	24	22	21	24	23	2
25	16	16	25	22	28	25	22	57
26	16	31	26	22	30	26	22	52
27	16	48	27	22	41	27	22	47
28	17	4	28	22	48	28	22	41
29	17	20	29	22	54	29	22	34
30	17	36	30	23	0	30	22	26
			31	23	4			

PREMIERE ANNEE.

Iuillet.			Aouſt.			Septembre.		
iours	degr	min.	iours	degr	min.	iours	degr	min.
1	22	18	1	15	34	1	4	49
2	22	11	2	15	16	2	4	27
3	22	2	3	14	57	3	4	2
4	21	53	4	14	39	4	3	40
5	21	41	5	14	20	5	3	17
6	21	36	6	14	3	6	2	53
7	21	26	7	13	42	7	2	29
8	21	16	8	13	25	8	2	6
9	21	4	9	13	5	9	1	43
10	20	53	10	12	45	10	1	20
11	20	44	11	12	24	11	0	57
12	20	30	12	12	3	12	0	33
13	20	19	13	11	45	13	0	9
14	20	7	14	11	3	14	0	15
15	19	56	15	11	25	15	0	39
16	19	40	16	10	43	16	1	3
17	19	28	17	10	20	17	1	26
18	19	14	18	10	0	18	1	50
19	19	1	19	9	38	19	2	14
20	18	46	20	9	17	20	2	37
21	18	31	21	8	56	21	3	5
22	18	16	22	8	34	22	3	25
23	18	2	23	8	12	23	3	48
24	17	45	24	7	51	24	4	12
25	17	28	25	7	28	25	4	25
26	17	12	26	7	6	26	4	48
27	16	58	27	6	43	27	5	12
28	16	41	28	6	19	28	5	45
29	16	25	29	5	57	29	6	8
30	16	9	30	5	2	30	6	31
31	15	15	31	5	34			

Octobre.			Nouembre.			Decembre.		
iours	degr	min.	iours	degr	min.	iours	degr	min.
1	6	55	1	17	28	1	23	6
2	7	17	2	17	45	2	23	11
3	7	41	3	18	0	3	23	15
4	8	2	4	18	16	4	23	19
5	8	24	5	18	30	5	23	23
6	8	47	6	18	47	6	23	26
7	9	8	7	19	1	7	23	28
8	9	30	8	19	19	8	23	30
9	9	52	9	19	34	9	23	31
10	10	14	10	19	48	10	23	32
11	10	36	11	20	0	11	23	33
12	10	58	12	20	14	12	23	33
13	11	20	13	20	26	13	23	33
14	11	41	14	20	39	14	23	32
15	12	2	15	20	50	15	23	31
16	12	24	16	21	2	16	23	30
17	12	45	17	21	13	17	23	28
18	13	5	18	21	25	18	23	25
19	13	26	19	21	36	19	23	22
20	13	46	20	21	45	20	23	17
21	14	6	21	21	55	21	23	12
22	14	26	22	22	3	22	23	7
23	14	45	23	22	12	23	23	2
24	15	5	24	22	22	24	22	56
25	15	25	25	22	29	25	22	50
26	15	44	26	22	36	26	22	44
27	16	2	27	22	44	27	22	37
28	16	20	28	22	50	28	22	30
29	16	37	29	22	56	29	22	22
30	16	54	30	23	1	30	22	14
31	17	10				31	22	5

SECONDE ANNEE.

Ianuier.			Feurier.			Mars.		
iours	degr	min.	iours	degr	min.	iours	degr	min.
1	21	54	1	14	6	1	3	47
2	21	45	2	13	46	2	3	23
3	21	35	3	13	26	3	2	59
4	21	22	4	13	6	4	2	35
5	21	14	5	12	46	5	2	12
6	21	3	6	12	26	6	1	48
7	20	51	7	12	5	7	1	24
8	20	38	8	11	44	8	1	0
9	20	26	9	11	22	9	0	36
10	20	13	10	11	0	10	0	12
11	20	0	11	10	39	11	0	12
12	19	46	12	10	17	12	0	36
13	19	33	13	9	55	13	1	0
14	19	18	14	9	33	14	1	23
15	19	4	15	9	11	15	1	46
16	19	49	16	8	49	16	2	9
17	18	34	17	8	27	17	2	32
18	18	18	18	8	4	18	2	56
19	18	1	19	7	41	19	3	19
20	17	44	20	7	18	20	3	43
21	17	28	21	6	55	21	4	26
22	17	22	22	6	2	22	4	29
23	16	55	23	6	8	23	4	53
24	16	30	24	5	44	24	5	16
25	16	19	25	5	21	25	5	40
26	16	0	26	4	57	26	6	2
27	15	40	27	4	33	27	6	15
28	15	22	28	4	10	28	6	48
29	15	3				29	7	10
30	14	44				30	7	32
31	14	24				31	7	52

La declinaiſon du Soleil.
SECONDE ANNEE.

Auril.			May.			Iuin.		
iour	degr	mid.	iours	degr	min.	iours	degr	min.
1	8	12	1	17	48	1	23	8
2	8	34	2	18	4	2	23	13
3	8	54	3	18	21	3	23	16
4	9	14	4	18	33	4	23	19
5	9	35	5	18	46	5	23	22
6	9	58	6	19	1	6	23	25
7	10	20	7	19	16	7	23	27
8	10	42	8	19	13	8	23	29
9	11	3	9	19	43	9	23	30
10	11	25	10	19	55	10	23	31
11	11	45	11	20	7	11	23	32
12	12	5	12	20	21	12	23	33
13	12	24	13	20	33	13	23	33
14	12	43	14	20	44	14	23	33
15	13	3	15	20	54	15	23	31
16	13	23	16	21	5	16	23	30
17	13	43	17	21	16	17	23	28
18	14	3	18	21	26	18	23	25
19	14	2	19	21	35	19	23	21
20	14	43	20	21	44	20	23	18
21	15	2	21	21	53	21	23	14
22	15	20	22	22	2	22	23	10
23	15	37	23	22	10	23	23	6
24	15	54	24	22	19	24	23	3
25	16	12	25	22	26	25	22	58
26	16	28	26	22	33	26	22	54
27	16	46	27	22	40	27	22	49
28	17	2	28	22	46	28	22	47
29	17	18	29	22	53	29	22	36
30	17	34	30	22	58	30	22	24
			31	23	3			

SECONDE ANNEE.

Iuillet.			Aoust.			Septembre.		
iours	degr	min.	iours	degr	min.	iours	degr	min.
1	22	20	1	15	37	1	4	56
2	22	12	2	15	20	2	4	33
3	22	3	3	15	1	3	4	9
4	21	54	4	14	43	4	3	46
5	21	45	5	14	24	5	3	23
6	21	37	6	14	6	6	3	0
7	21	27	7	13	47	7	2	36
8	21	17	8	13	27	8	2	12
9	21	6	9	13	8	9	1	48
10	20	54	10	12	49	10	1	24
11	20	43	11	12	29	11	1	0
12	20	32	12	12	9	12	0	36
13	20	21	13	11	49	13	0	13
14	20	10	14	11	29	14	0	11
15	19	57	15	11	8	15	0	35
16	19	43	16	10	48	16	0	58
17	19	31	17	10	27	17	1	22
18	19	19	18	10	6	18	1	45
19	19	5	19	9	44	19	2	9
20	18	50	20	9	23	20	2	33
21	18	35	21	9	1	21	2	36
22	18	20	22	8	40	22	3	20
23	18	5	23	8	19	23	3	43
24	17	58	24	7	58	24	4	7
25	17	34	25	7	36	25	4	30
26	17	19	26	7	14	26	4	16
27	17	3	27	6	51	27	5	35
28	16	47	28	6	29	28	5	39
29	16	30	29	6	7	29	6	2
30	16	12	30	5	55	30	6	25
31	15	55	31	5	20			

La declinaison du Soleil.
SECONDE ANNEE.

Octobre.   Nouembre.   Decembre.

iour.	degr	min.	iours	degr	min.	iours	degr	min.
1	6	48	1	17	25	1	23	5
2	7	11	2	17	41	2	23	10
3	7	34	3	17	57	3	23	14
4	7	56	4	18	14	4	23	18
5	8	19	5	18	29	5	23	22
6	8	34	6	18	46	6	23	25
7	9	4	7	19	0	7	23	27
8	9	26	8	19	15	8	23	29
9	9	48	9	19	29	9	23	31
10	10	10	10	19	42	10	23	32
11	10	31	11	19	56	11	23	33
12	10	53	12	20	11	12	23	33
13	11	15	13	20	23	13	23	33
14	11	37	14	20	35	14	23	32
15	11	58	15	20	47	15	23	31
16	12	19	16	21	0	16	23	30
17	12	38	17	21	12	17	23	28
18	12	59	18	21	24	18	23	27
19	13	20	19	21	35	19	23	22
20	13	40	20	21	44	20	23	18
21	14	10	21	21	53	21	23	14
22	14	20	22	22	4	22	23	10
23	14	39	23	22	13	23	23	5
24	14	58	24	22	21	24	22	58
25	15	17	25	22	29	25	22	52
26	15	36	26	22	37	26	22	45
27	15	34	27	22	44	27	22	38
28	16	12	28	22	50	28	22	30
29	16	37	29	22	56	29	22	22
30	16	49	30	23	0	30	22	14
31	17	7				31	22	6

Ianuier.			Feurier.			Mars.		
iours	degr	min	iours	degr	min	iours	degr	min
1	21	57	1	14	10	1	3	54
2	21	48	2	13	50	2	3	30
3	21	39	3	13	36	3	3	6
4	21	28	4	13	10	4	2	44
5	21	18	5	12	50	5	2	19
6	21	6	6	12	29	6	1	55
7	20	55	7	12	9	7	1	30
8	20	43	8	11	48	8	1	7
9	20	31	9	11	27	9	0	42
10	20	18	10	11	5	10	0	19
11	20	5	11	10	44	11	0	5
12	19	51	12	10	22	12	0	28
13	19	37	13	10	0	13	0	52
14	19	24	14	9	28	14	1	16
15	19	10	15	9	16	15	1	40
16	18	56	16	8	54	16	2	4
17	18	38	17	8	32	17	2	27
18	18	20	18	8	9	18	2	51
19	18	4	19	7	45	19	3	14
20	17	55	20	7	22	20	3	37
21	17	32	21	6	58	21	4	0
22	17	15	22	6	36	22	4	24
23	16	58	23	6	13	23	4	47
24	16	40	24	5	50	24	5	10
25	16	22	25	5	27	25	5	33
26	16	4	26	5	2	26	5	54
27	15	46	27	4	40	27	6	17
28	15	28	28	4	15	28	6	39
29	15	0				29	7	2
30	14	48				30	7	25
31	14	29				31	7	48

TROISIESME ANNEE.

Auril.				May.				Iuin.		
iours	degr	min.		iours	degr	min.		iours	degr	min
1	8	8		1	17	43		1	23	6
2	8	32		2	17	58		2	23	11
3	8	53		3	18	16		3	23	15
4	9	13		4	18	31		4	23	18
5	9	35		5	18	46		5	23	21
6	9	57		6	18	58		6	23	24
7	10	19		7	19	16		7	23	27
8	10	39		8	19	29		8	23	39
9	11	0		9	19	42		9	23	30
10	11	21		10	19	53		10	23	31
11	11	42		11	20	6		11	23	32
12	12	3		12	20	17		12	23	33
13	12	23		13	20	29		13	23	33
14	12	42		14	20	41		14	23	33
15	13	1		15	20	53		15	23	32
16	13	22		16	21	3		16	23	31
17	13	40		17	21	14		17	23	29
18	13	58		18	21	25		18	23	27
19	14	17		19	21	36		19	23	24
20	14	36		20	21	44		20	23	21
21	14	55		21	21	56		21	23	17
22	15	14		22	22	1		22	23	13
23	15	32		23	22	8		23	23	9
24	15	50		24	22	15		24	22	4
25	16	6		25	22	33		25	22	1
26	16	24		26	22	39		26	22	55
27	16	41		27	22	45		27	22	51
28	16	56		28	22	52		28	22	44
29	17	12		29	22	58		29	22	38
30	17	29		30	22	2		30	22	30
				31	23					

Iuillet.			Aoust.			Septembre.		
iours	degr	min.	iours	degr	min.	iours	degr	min.
1	22	22	1	15	42	1	5	10
2	22	14	2	15	25	2	4	37
3	22	7	3	15	7	3	4	13
4	21	57	4	14	48	4	3	51
5	21	48	5	14	29	5	3	28
6	21	40	6	14	11	6	3	5
7	21	30	7	13	53	7	2	43
8	21	20	8	13	32	8	2	18
9	21	8	9	13	4	9	1	55
10	21	0	10	12	54	10	1	31
11	20	49	11	12	32	11	1	7
12	20	37	12	12	13	12	0	44
13	20	24	13	11	53	13	0	20
14	20	13	14	11	32	14	0	4
15	20	1	15	11	11	15	0	28
16	19	50	16	10	52	16	0	52
17	19	36	17	10	32	17	1	16
18	19	22	18	10	10	18	1	40
19	19	8	19	9	49	19	2	3
20	18	55	20	9	28	20	2	26
21	18	41	21	9	7	21	2	42
22	18	25	22	8	45	22	3	13
23	18	10	23	8	23	23	3	37
24	17	56	24	8	0	24	4	0
25	17	40	25	7	38	25	4	24
26	17	23	26	7	17	26	4	48
27	16	7	27	6	55	27	5	12
28	16	50	28	6	32	28	5	34
29	16	32	29	6	8	29	5	56
30	16	16	30	5	55	30	6	19
31	15	59	31	5	22			

TROISIESME ANNEE.

Octobre.   Nouembre.   Decembre.

iou.	de.	mi.	iou.	de.	mi.	iou.	de.	mi.
1	6	43	1	17	18	1	23	4
2	7	6	2	17	34	2	23	9
3	7	29	3	17	50	3	23	15
4	7	51	4	18	7	4	23	18
5	8	14	5	18	23	5	23	22
6	8	37	6	18	39	6	23	26
7	9	0	7	18	55	7	23	28
8	9	22	8	19	10	8	23	29
9	9	43	9	19	25	9	23	31
10	10	5	10	19	39	10	23	32
11	10	27	11	19	52	11	23	33
12	10	43	12	20	6	12	23	33
13	11	10	13	20	19	13	23	33
14	11	41	14	20	31	14	23	33
15	11	3	15	20	44	15	23	32
16	12	14	16	20	56	16	23	31
17	12	34	17	21	8	17	23	28
18	12	55	18	21	19	18	23	25
19	13	15	19	21	30	19	23	21
20	13	35	20	21	40	20	23	18
21	13	55	21	21	50	21	23	14
22	14	14	22	21	59	22	23	10
23	14	34	23	22	8	23	23	5
24	14	54	24	22	17	24	23	0
25	15	12	25	22	25	25	22	54
26	15	31	26	22	34	26	22	49
27	15	49	27	22	4	27	22	42
28	16	8	28	22	47	28	22	35
29	16	26	29	22	54	29	22	27
30	16	44	30	23	0	30	22	18
31	17	3				31	22	9

La declinaison du Soleil.
L'AN DE BISSEXTE.

Ianuier.			Feurier.			Mars.		
iours	degr	min.	iours	degr	min.	iours	degr	min.
1	21	58	1	14	16	1	3	35
2	21	49	2	13	56	2	3	11
3	21	39	3	13	38	3	2	4
4	21	29	4	13	15	4	2	24
5	21	19	5	12	55	5	2	0
6	21	9	6	12	34	6	1	36
7	21	0	7	12	13	7	1	12
8	20	46	8	11	52	8	0	48
9	20	31	9	11	32	9	0	24
10	20	19	10	11	9	10	0	1
11	20	7	11	10	47	11	0	23
12	19	52	12	10	25	12	0	4
13	19	39	13	10	3	13	1	20
14	19	26	14	9	41	14	1	34
15	19	12	15	9	19	15	1	58
16	18	58	16	8	57	16	2	21
17	18	43	17	8	35	17	2	45
18	18	25	18	8	13	18	3	8
19	18	9	19	7	49	19	3	32
20	17	52	20	7	26	20	3	55
21	17	36	21	7	4	21	4	18
22	17	20	22	6	41	22	4	40
23	17	2	23	6	18	23	5	4
24	16	46	24	5	54	24	5	27
25	16	28	25	5	31	25	5	50
26	16	11	26	5	8	26	6	12
27	15	50	27	4	44	27	6	35
28	15	32	28	4	20	28	6	57
29	15	13	29	3	58	29	7	20
30	14	53				30	7	42
31	14	34				31	8	4

L'AN DE BISSEXTE.

Auril.

iou.	le.	mi.
1	8	26
2	8	49
3	9	11
4	9	32
5	9	52
6	10	13
7	10	34
8	10	55
9	11	16
10	11	37
11	11	57
12	12	17
13	12	38
14	12	57
15	13	18
16	13	36
17	13	56
18	14	15
19	14	36
20	14	53
21	15	9
22	15	27
23	15	46
24	16	4
25	16	20
26	16	37
27	16	54
28	17	10
29	17	17
30	17	42

May.

iou.	de.	mi.
1	17	56
2	18	13
3	18	27
4	18	42
5	18	56
6	19	10
7	19	23
8	19	36
9	19	47
10	20	2
11	20	15
12	20	27
13	20	37
14	20	50
15	21	1
16	21	14
17	21	23
18	21	32
19	21	41
20	21	51
21	22	0
22	22	7
23	22	16
24	22	23
25	22	31
26	22	37
27	22	44
28	22	50
29	22	56
30	23	1
31	23	6

Iuin.

iou.	de.	mi.
1	23	10
2	23	15
3	23	17
4	23	28
5	23	23
6	23	26
7	23	28
8	23	29
9	23	30
10	23	31
11	23	32
12	23	33
13	23	33
14	23	33
15	23	31
16	23	29
17	23	27
18	23	25
19	23	23
20	23	20
21	23	15
22	23	11
23	23	7
24	23	3
25	22	57
26	22	50
27	22	45
28	22	38
29	22	31
30	22	24

L'AN DE BISSEXTE.

Juillet.

iou.	de.	mi.
1	22	16
2	22	8
3	22	0
4	21	51
5	21	43
6	21	32
7	21	23
8	21	12
9	21	1
10	20	52
11	20	45
12	20	27
13	20	15
14	20	4
15	19	5
16	19	37
17	19	25
18	19	11
19	18	57
20	18	42
21	18	27
22	18	13
23	17	57
24	17	42
25	17	25
26	17	10
27	16	54
28	16	35
29	16	19
30	16	2
31	15	45

Aoust.

iou	de.	mi.
1	15	12
2	15	12
3	14	52
4	14	33
5	14	15
6	13	56
7	13	38
8	13	17
9	12	58
10	12	39
11	12	20
12	12	0
13	11	40
14	11	18
15	10	57
16	10	35
17	10	15
18	9	54
19	9	33
20	9	11
21	8	50
22	8	27
23	8	5
24	7	43
25	7	22
26	7	0
27	6	37
28	6	14
29	5	51
30	5	28
31	5	14

Septembre.

iou.	de.	mi.
1	4	41
2	4	18
3	3	55
4	3	32
5	3	10
6	2	46
7	2	24
8	2	0
9	1	36
10	1	12
11	0	49
12	0	26
13	0	2
14	0	22
15	0	35
16	1	10
17	1	34
18	1	58
19	2	21
20	2	45
21	3	8
22	3	30
23	3	54
24	4	18
25	4	42
26	5	5
27	5	28
28	5	52
29	6	15
30	6	36

L'AN DE BISSEXTE.

Octobre.   Nouembre.   Decembre.

iou.	de.	mi.		iou.	de.	mi.		iou.	de.	mi.
1	7	0		1	7	32		1	23	8
2	7	23		2	17	48		2	23	13
3	7	46		3	18	5		3	23	16
4	8	7		4	18	22		4	23	20
5	8	30		5	18	37		5	23	28
6	8	53		6	18	57		6	23	27
7	9	14		7	19	5		7	23	29
8	9	35		8	19	21		8	23	30
9	9	58		9	19	36		9	23	31
10	10	20		10	19	5		10	23	32
11	10	41		11	20	3		11	23	33
12	11	4		12	20	13		12	23	33
13	11	25		13	20	29		13	23	33
14	11	47		14	20	41		14	23	32
15	12	8		15	20	53		15	23	31
16	12	29		16	21	5		16	23	29
17	12	42		17	21	10		17	23	27
18	13	10		18	21	27		18	23	24
19	13	31		19	21	38		19	23	21
20	13	51		20	21	47		20	23	16
21	14	11		21	21	56		21	23	10
22	14	31		22	22	6		22	23	5
23	14	59		23	22	15		23	23	15
24	15	9		24	22	24		24	22	55
25	15	28		25	22	32		25	22	49
26	15	47		26	22	39		26	22	42
27	16	52		27	22	45		27	22	35
28	16	22		28	22	53		28	22	27
29	16	40		29	22	59		29	22	19
30	16	57		30	23	4		30	22	11
31	17	15						31	22	2

Fin des Tables.

S'enfuiuent les Signes des moys & iours de l'année, pour sça-
noir se gounerner tant par minuicts que par pointes
du iour.

Ianuier.

EN la my Ianuier, gardes à l'est minuict, au nort aube du iour. A la fin de Ianuier, gardes à l'est quart de
nordest minuict, gardes au nord quart de noroest aube
du iour.

Feurier.

En la my Feurier, gardes au nordest quart de l'est minuict, gardes au nord aube du iour. A la fin de Feurier,
gardes au nordest minuict, gardes au nord quart de noroest aube du iour.

Mars.

En la my-Mars, gardes au nordest quart de nord minuict, gardes au noroest quart de nord aube du iour. A
la fin de Mars, gardes au nord quart de nordest minuict
gardes au suroest aube du iour.

Auril.

En la my-Auril, gardes au nord minuict, gardes au
noroest aube du iour. A la fin d'Auril, gardes au nord
quart de noroest minuict, gardes au noroest quart de
oest aube du iour.

May.

En la my-May, gardes au noroest quart de nord minuict, gardes à l'oest quart de noroest aube du iour. A la
fin de May, gardes au noroest minuict, gardes à l'oest
aube du iour.

Iuin.

En la my-Iuin, gardes au noroest quart de l'oest minuict, gardes à l'oest aube du iour. A la fin de Iuin, gardes à l'oest quart de noroest minuict, gardes au sud
quart de suroest aube du iour.

Iuillet.

En la my-Iuillet, gardes à l'oeſt minuiƈt, gardes au ſuroeſt quart de ſud aube du iour. A la fin de ſuillet, gardesà l'oeſt quart du ſuroeſt minuiƈt, gardes au ſud quart de ſuroeſt aube du iour.

Aouſt.

En la my-Aouſt, gardes au ſuroeſt quart de l'oeſt minuiƈt, gardes au ſud aube du iour. A la fin d'Aouſt, gardes au ſuroeſt minuiƈt, gardes au ſud quart de ſuroeſt aube du iour.

Septembre.

En la my-Septembre, gardes au ſuroeſt quart de ſud minuiƈt, gardes au ſueſt quart de ſud aube du iour. A la fin de Septembre, gardes au ſud quart de ſuroeſt minuiƈt, gardes au ſueſt aube du iour.

Octobre.

En la my-Octobre, gardes au ſud minuiƈt, gardes au ſueſt quart de l'eſt aube du iour. A la fin d'Octobre, gardes au ſud quart de ſueſt minuiƈt, gardes à l'eſt quart de ſueſt aube du iour.

Nouembre.

En la my-Nouembre, gardes au ſueſt quart de ſud minuiƈt, gardes à l'eſt quart de nordeſt aube du iour. A la fin de Nouembre, gardes au ſueſt minuiƈt, gardes au nordeſt quart de l'eſt aube du iour.

Decembre.

En la my-Decembre, gardes au ſueſt quart de l'eſt minuiƈt, gardes au nordeſt quart de nord aube du iour & commence la minuiƈt à amoindrir. A la fin de Decembre, gardes à l'eſt quart de ſueſt minuiƈt, gardes au nord quart de nordeſt aube du iour.

F I N.

S'enfuit la table de ce present liure, pour trouuer diligemment les choses qu'il faut sçauoir à chacun maistre Pillote qui va par mer: pour se garder des lieux dangereux.

Fin de ceste presente Table.

www.ingramcontent.com/pod-product-compliance
Lightning Source LLC
Chambersburg PA
CBHW050005100426
42739CB00011B/2517